Anonymous

Die französische Expedition gegen Mexiko

Anonymous

Die französische Expedition gegen Mexiko

ISBN/EAN: 9783744638647

Hergestellt in Europa, USA, Kanada, Australien, Japan

Cover: Foto ©ninafisch / pixelio.de

Weitere Bücher finden Sie auf **www.hansebooks.com**

Die

Französische Expedition

gegen

Mexico.

(Eingesandt).

Dazu ein Heft mit 2 Plänen.

Beiheft zum Militair-Wochenblatt für drei Monate.

Berlin, 1863.
In Kommission bei E. S. Mittler und Sohn,
(Kochstraße Nr. 69.)

Vorwort.

Mit steigendem Interesse richtet sich die Aufmerksamkeit Europas auf die französische Expedition in Mexico.

Nach einem verhältnißmäßig beschränkteren Maßstabe angelegt, hat sie durch die Gewalt der Ereignisse Dimensionen angenommen, welche die Nothwendigkeit entscheidender Resultate bedingen. Ob dieselben in nächster Zeit erfolgen werden, steht dahin; jedenfalls dürfte eine gedrängte Darstellung der bisherigen Operationen erwünscht sein, um ein Urtheil über den Umfang und die Schwierigkeiten des Unternehmens zu gewinnen.

Am 31. October 1861 unterzeichneten die Bevollmächtigten Englands, Frankreichs und Spaniens zu London eine Convention, kraft welcher diese drei Mächte sich zu einer gemeinsamen Operation zu Wasser und Lande gegen Mexico verpflichteten, um für vielfache Verletzungen ihrer Handels-Interessen, sowie für Beschädigungen ihrer Unterthanen an Person und Eigenthum Genugthuung und dauernde Garantieen gegen solche Gewaltthätigkeiten für die Zukunft zu fordern.

Das Verständniß der Ereignisse, welche die gegenwärtige Krisis herbeigeführt haben, wird durch einen kurzen historischen Rückblick erleichtert, wobei wir im Wesentlichen den Aufzeichnungen von Bazancourt und den officiellen Berichten gefolgt sind.

Die im Jahre 1518 spanischer Seits von Cuba aus gegen Mexico, das Land der Azteyuen, unter Ferdinand Cortez in Bewegung gesetzte Expedition bestand aus 617 auf 11 Schiffen vertheilten Menschen, unter denen 508 zur Landung zu verwendende Soldaten.

Die heidnischen Beherrscher des Landes und seine Bewohner ließen in scheuer Bewunderung die kleine Schaar ungehindert in ihre Hauptstadt einziehen. Es ist bekannt, daß diese Fremdlinge durch ihre rohe Habsucht sich selbst beinahe einen gänzlichen Untergang bereiteten.

Erst am 31. Mai 1521 brachte ein mit vermehrten Kräften erneut unternommener Angriff die Stadt und später das Land dauernd unter spanische Herrschaft. —

Neu=Spanien nannte man das Land.

Dreihundert Jahre, bis 1808, hatte Spanien unter 62 Vice=Königen seine Herrschaft geübt, hatte, wie ein strenges Urtheil sich ausdrückt, seine Hand hartherzig über jenes Land gehalten, wie ein Geizhals über seine Schätze, als in dem genannten Jahre der Wellenschlag der französischen Revolution auch jene fernen Lande erreichte und sie gleichfalls in Aufstand versetzte.

Zunächst versuchten die Eingeborenen sich der Fremdherrschaft zu entledigen. Drei Mal schlägt Spanien diese Versuche nieder. An die Spitze eines vierten Aufstandes stellt sich der bis dahin in spanischem Dienste gestandene Creole Oberst Iturbide und zieht siegreich am 27. September 1821 in die Hauptstadt ein, wo man das Land zu einer erblichen Monarchie erklärt und Iturbide zum Träger der neugeschaffenen Kaiserkrone erwählt. In Folge neuer Bewegungen, an deren Spitze sich Santa Anna, Kommandeur der Provinz Vera=Cruz, stellte, mußte der neue Kaiser indeß am 20. März 1822 schon wieder abdanken und geächtet das Land verlassen. Erst im Jahre 1824 erreichte der nun entstehende regierungslose Zustand sein Ende, indem eine Versammlung von gewählten Abgeordneten den Gesammtstaat zur Republik erklärte und derselben unterm 31. Januar des genannten Jahres eine Verfassung nach dem Muster der nordamerikanischen Freistaaten, mit einem Präsidenten an der Spitze, gab.

Im November 1825 capitulirte schließlich das vor Vera-Cruz liegende Fort St. Jean d'Ulloa, welches bis dahin die Spanier noch besetzt gehalten hatten, womit der Verlust des 300jährigen Besitzes entschieden war; denn eine im September des Jahres 1829 unter dem spanischen General Barados mittelst einer Landung in Tampico versuchte neue Besitznahme endete kurz darauf ebenfalls mit einer Kapitulation.

Die Republik Mexico bestand nunmehr aus 30 mit gewisser Selbstständigkeit versehenen Staaten: Guadelupe Victoria war ihr erster Präsident.

Eine Einigung der Parteien war mit der neu gewonnenen Staatsform indeß keineswegs herbeigeführt: ihre gegenseitigen Kämpfe wurden vielmehr mit erneuter Heftigkeit aufgenommen. Die Yorkinos — die Conservativen, auf ihrer Seite der Clerus, — für den centralisirten Einheitsstaat, standen gegenüber den Cococeses — den Demokraten, — die für die Beibehaltung des föderativen Verhältnisses der einzelnen Staaten zur Republik waren.

Von diesem Zeitpunkt an bildet die Geschichte der Kämpfe dieser Parteien die Geschichte des immer tiefer ins Unglück gerathenden Landes. Mit besonderer Schärfe traten diese Parteikämpfe seit 1833 auf, wo der bis dahin nur als General thätig gewesene Santa Anna zum Präsidenten erwählt wurde. Diesen Mann sehen wir zu wiederholten Malen von der Bühne verschwinden und wieder erscheinen, wenn die Gefahr am größten, ohne daß auch er indeß im Stande gewesen wäre, die Verhältnisse zu einer für das Land gedeihlichen Entwickelung zu bringen.

Ackerbau, Handel und Industrie, Moral, Völkerrecht, kurz, Alles, was Civilisation heißt, ist in diesen andauernden Kämpfen untergegangen und die Fremden, die Franzosen, Americaner, Spanier und Engländer, welche mit den Mexicanern in Verbindung standen, haben die Rückschläge hiervon zu tragen gehabt.

Frankreich unternahm in dieser Veranlassung schon 1837 eine Expedition, bei der es sich aber begnügte, am 27. und 28. Mai des genannten Jahres das Fort Ulloa von seinen Kriegsschiffen aus zu bombardiren. Prinz Joinville, als Kommandeur des Schiffes Créole, zeichnete sich durch Kühnheit hierbei besonders aus, indem er bei einer Recognoscirung des Forts ohne Zaudern ins Wasser sprang, um die letzte Annäherung auf einer überflutheten großen Sandbank zu gewinnen. Das Fort kapitulirte. Frankreich hielt sich durch Innebehaltung der in Vera-Cruz eingehenden Zölle schadlos, ging nicht weiter in das Innere vor und schloß am 10. April 1839 Frieden.

Inzwischen geriethen die inneren Staats-Verhältnisse in immer tiefere Zerrüttung. Die Staats-Kassen waren leer. Zwangsanleihen wurden ausgeschrieben und die Ausländer besonders hart dabei bedrückt. Die ausländischen Regierungen forderten Entschädigungen, worüber man sich zwar meistens einigte, Zahlung aber nicht erhielt.

Im Jahre 1847 gerieth die Republik in einen ernstlichen Krieg über den Besitz ihres Staates Texas, dessen beabsichtigten Abfall die Regierung der Vereinigten Staaten mit gewaffneter Hand unterstützte, um durch die Besitznahme jenes Staates sich für unerfüllte Forderungen schadlos zu halten. Santa Anna wurde wiederum herbeigerufen, aber von den Texanern und Amerikanern an der Grenze ihres Staates bei Buena-Vista geschlagen. Den Hauptschlag sollte indessen der amerikanische General Scott mit 12,000 Mann von Vera-Cruz aus gegen Mexico führen, also ein ähnliches Unternehmen, wie es heute die Franzosen durchzuführen suchen. Indessen hatten die Amerikaner den großen Vortheil der Nähe ihrer Hülfsquellen vor den Franzosen voraus. Der Zustand der mexicanischen Armee war aber damals wohl kaum schlechter als heute.

Der summarische Verlauf jenes Feldzuges war folgender:

Am 7. März 1847 langte General Scott vor Vera-Cruz an und setzte 11,000 Mann ans Land. Am 10. März wurde Vera-Cruz eingeschlossen; am 18. wurden die Laufgräben eröffnet. Am 23. begann das Bombardement; am 26. kapitulirte die Festung und am 29. März nahmen die Amerikaner Besitz von derselben.

Sofort wurde der Vormarsch gegen Mexico beschlossen. Die einzige hierzu brauchbare Straße war damals die über Jalapa auf Puebla und von dort nach Mexico. Die andere, jetzt von den Franzosen benutzte Straße über Orizaba auf Puebla war zu jener Zeit für eine Armee ungangbar.

An den verschanzten Höhen des Cerro Gordo, halbweges zwischen Vera-Cruz und Jalapa, etwa 12 deutsche Meilen von ersterer Stadt, setzte sich der vom Norden herbeigeeilte Santa Anna zur Wehr. Am 18. April griff ihn Scott an und schlug ihn vollständig. Puebla wurde ohne Schwertstreich genommen, nachdem Santa Anna es am 15. Mai geräumt hatte. Scott hat aber nur noch 6000 Mann disponibel; er muß Verstärkungen abwarten. Nach ihrem Eintreffen am 8. August setzt er sich mit 10,700 Mann gegen Mexico in Bewegung; 1400 Mann haben Vera-Cruz besetzt gehalten.

Vor Mexico in Ayotla am 12. August angelangt, entscheidet man sich, die Seeen von Chalco und Chocimilco südlich zu umgehen und die Stadt von Süden anzugreifen. 30,000 Mexicaner haben die Stellung vor derselben, sowie die Stadt selbst besetzt. Am 19. August werden sie in einer vorgeschobenen und verschanzten Stellung gänzlich geschlagen und beschränken sich in Folge dessen auf die unmittelbare Besetzung der Stadt und der nächsten dominirenden Punkte.

Anderen Tages, am 20. August, kommt ein Waffenstillstand zu Stande, der indeß am 7. September, also nach 17 Tagen, Seitens des Generals Scott aufgekündigt wird.

In einer blutigen Schlacht am 8. September werden die Mexicaner vollends in die Stadt zurückgedrängt. Am 12. und 13. September entbrennt die Schlacht von Neuem; in der Nacht zum 14. September räumen die Mexicaner die Stadt, und am 14. capitulirt dieselbe. Die Wegnahme der Thore von Belen und St. Cosme hatte die Einnahme entschieden.

Am 2. Februar 1848 kam der Friede zu Stande, der den Rio Grande zur Grenze bestimmte und noch verschiedene andere Festsetzungen enthielt.

Die Amerikaner hatten in 5 Monaten das vorgesteckte Ziel ihres Feldzuges glänzend erreicht. —

Nachdem dieselben das Land verlassen, entbrannten die alten Partheikämpfe von Neuem.

Eine Beschreibung, wie in Mexico Revolutionen ihren Verlauf nehmen, dürfte nicht ohne Interesse sein.

Der erste Act nennt sich „pronunciamento."

Ein Offizier irgend eines Grades, meist ein General, spricht sich gegen die Regierung oder irgend einen Akt derselben aus. Es dauert nicht lange, so hat derselbe einige Kompagnien und in kurzer Zeit einige Regimenter für seine Sache gewonnen.

Sogleich faßt dieser improvisirte Chef den Zweck der Bewegung in zwei oder drei Artikeln zusammen. Das ist der zweite Akt, den man „grito le cri" nennt. Ist der Gegenstand von einiger Wichtigkeit, so nimmt dieser „cri" den Namen „plan" an.

Beim dritten Akt stehen sich die Insurgenten und die zur Regierung haltende Partei gegenüber. Man scharmuzirt herum, sucht sich auszuforschen, aber mit der größten Discretion und von fern. Immerhin giebt es schließlich eine siegende und eine geschlagene Parthei, während welcher Zeit dann die umliegenden Städte sich für den einen oder anderen Theil entscheiden.

Wird der Chef der Insurrection geschlagen, so „depronouncirt" er sich; ist er siegreich, so marschirt er gegen Mexico. Im fünften und letzten Act hält der Sieger seinen Einzug in die Hauptstadt unter den enthusiastischen Acclamationen der Masse, während der Besiegte in Vera-Cruz oder Tampico sich einschifft. —

1857 war General Comonfort nach einem ähnlichen Vorgange zum Präsidenten und der Advocat Benito Juarez, von Geburt und Blut Indier, der seit langer Zeit den Umsturz der conservativen Prinzipien zu Gunsten der demokratischen anstrebte, zum Vice-Präsidenten gewählt.

Anfang 1858 erklärte letzterer in einem „pronunciamento", daß er für den flüchtig gewordenen Präsidenten die Zügel der Regierung ergriffen habe.

In den weiteren Verwickelungen der Kämpfe der Parteien sehen wir nun den General Miramon gegenüber Juarez. Ersterer faßt in Mexico, letzterer in Vera-Cruz festen Fuß, von wo aus sie den Bürgerkrieg leiten.

Der zum Gegenpräsidenten erwählte Miramon, — dessen Gesandter in Paris der General Almonte war, — bringt bis zu dem von Juarez besetzten Vera-Cruz vor und belagert es; aber ohne Erfolg zu haben, wird er genöthigt, nach Mexico zurückzukehren, wo ein Parteigänger des Juarez gefährlich wird. Das Hin und Her des Kampfes endete am 22. November 1860, an welchem Tage Miramon geschlagen und seine Streitkräfte zerstreut wurden. Am 25. November zog General Ortega mit Juarez' Heere in Mexico ein. Miramon flüchtete.

Am 11. Januar 1861 traf Juarez selbst in Mexico ein. Sein erster Akt war die Landesverweisung der Vertreter Spaniens und des Papstes, weil er sie als seinen Absichten feindlich erklärte.

Der so eben dort angekommene französische Vertreter Dubois de Saligny entging einer ähnlichen Behandlung, weil er seine Creditive noch nicht übergeben hatte. Frankreich erkannte Juarez als Präsidenten an. Im April 1861 hielt Saligny in einer seiner Depeschen zuerst die Gegenwart französischer Streitmittel in Mexico für nothwendig, um die französischen Interessen zu schützen. Im Juli 1861 beschloß der mexicanische Congreß ein Gesetz, wonach die fortlaufende Zahlung der den fremden Mächten vertragsmäßig zu gewährenden Entschädigung auf 2 Jahre ausgesetzt werden sollte. In Folge dessen brachen auch der französische und englische Vertreter ihre offiziellen Verbindungen ab.

England, Spanien und Frankreich schlossen die Convention vom 31. October 1861 ab, und auf Grund des §. 1 dieser Convention kam man überein, daß Spanien 6000, Frankreich 2000 und England 800 Mann stellen solle, in welchen Zahlen sich gewissermaßen das gegenseitige Interesse zur Sache ausspricht. —

Die militairische Verfassung, in der Mexico sich befindet, ist folgende.

Der Staat Mexico hat in 29 einzelnen Staaten 8 Millionen Einwohner, von denen fast 2/3 indianischer Abkunft sind. Von den hier hauptsächlich zur Sprache kommenden Staaten hat Vera-Cruz 340,000 Einwohner, Puebla 650,000 und Mexico 1 Million. Die Militair-Organisation Mexico's kennt Linien-Truppen und Milizen. Wie viel Unbestimmtes und Mangelhaftes diese Organisation zur Zeit in sich tragen muß, ergiebt sich wohl ausreichend aus den mehr denn zerfahrenen Verhältnissen, die die Geschichte dieses Landes seit länger denn 50 Jahren ununterbrochen kennzeichnen. In den französischen Blättern liest man über den Bestand der Truppen folgende Zahlen:

	Linie.
Infanterie	18,000 Mann,
Kavallerie	5,000 "
Artillerie	3,000 "
	26,000 Mann.
	Milizen.
Infanterie	50,000 Mann,
Kavallerie	15,000 "
	65,000 Mann.
	Total 91,000 Mann.

Man hält diese Angaben für sehr übertrieben und glaubt, daß hiervon höchstens 55,000 Mann verwendbar gemacht werden können. Die Seemacht ist auf Null reducirt.

In einer Betrachtung dieser Armee aus früheren Jahren heißt es: Mexico zerfällt in 18 General-Kommandos, deren Kommandeure ihre Befehle vom Kriegsminister erhalten.

Der Generalstab (Estado Mayor General) vereinigt das General-Quartiermeister-Amt mit den wissenschaftlichen Zweigen des Genie-Departements; er besteht seit 1823. Seine Hauptbeschäftigungen sind die Aufstellung eines Landes-Vertheidigungsplanes und militairische Landes-Aufnahmen. Einige derselben sollen sehr interessant sein, zumal die des Generals Orbegosso vom Isthmus von Tehuantepec, welche die Unmöglichkeit nachweist, einen schiffbaren Kanal vom Atlantischen zum stillen Ocean an diesem Punkte zu eröffnen.

Im Allgemeinen sind unter den Offizieren — Generale giebt es in besonders großer Zahl — viel unruhige Köpfe zu finden, und herrscht unter den Gemeinen die größte Unwissenheit. Der Zustand der Disciplin ist daher ein fortwährend gährender, in welchem Ausbrüche aller Art nicht zu den Seltenheiten gehören.

Schon damals werden die Schwierigkeiten einer feindlichen Invasion als sehr bedeutend geschildert, die schlechten Communicationen bei großen Entfernungen und das höchst ungesunde Klima als gefährliche Feinde dargestellt.

Das Land besitzt 5 Festungen: Vera-Cruz mit St. Jean d'Ulloa, Campeche, Perote, Acapulco und San Blas, deren Werke sich in schlechtem Zustande befinden.

Am 15. December 1861 wurde zu Mexico der Kongreß geschlossen, nachdem 52,000 Mann Miliztruppen — wohl meist auf dem Papier einzuberufen angeordnet war.

Juarez war als Präsident abermals bestätigt, und General Doblado trat an die Spitze eines neuen Ministeriums. Der Oberbefehl über die Armee wurde zunächst dem General Ortega übertragen, die Vertheidigung von Tampico dem General Tapia, das Ost-Departement incl. Vera-Cruz unter den Befehl des Generals Uraga gestellt, aber eine feste militairische Organisation der vorhandenen Streitkräfte war damit keineswegs erreicht. Guerilla-Banden zogen plündernd durch's Land.

Werfen wir zunächst einen Blick auf den Kriegsschauplatz.

Nördlich der Einsenkung von Tehuantepec erheben sich die Cordilleren von Mexico mit dem Plateau von Anahuac. Die Cordilleren treten hier als Randgebirge auf und umschließen das 7000 Fuß hohe genannte Plateau. Der nordöstliche Rand ist höher und kettenartiger als der südwestliche, welchem letzteren die Böschung gegen das innere Plateau oft fehlt. Beide fallen in mehreren Stufen zu den Gestaden des großen Oceans und des mexicanischen Golfes hinab.

Fast in der Richtung von Westen nach Osten, von einer Küste zur anderen, wird die Hochfläche von Anahuac und ihre Vorstufen von einer Reihe meist isolirter Vulkane und Schneegipfel quer durchzogen. Der westlichste ist der Vulkan von Colima, 8600 Fuß; höher sind der Vulkan von Toluca, 14,200 Fuß, der Vulkan Popocatepetl, 16,600 Fuß, und der Pit von Orizaba, 16,300 Fuß, in östlicher Richtung auf einander folgend und sämmtlich relativ höher, als die Hochfläche von Anahuac absolut hoch ist.

Uns interessirt hier hauptsächlich der zwischen Vera-Cruz und Puebla gelegene Landstrich und die über Orizaba beide Orte verbindende Straße.

Beim Betreten des Landes in Vera-Cruz stößt man zunächst auf einen nahezu ebenen, fast vegetationslosen Küstenstrich, der aus feinem veränderliche kleine Hügel bildenden Meeressand besteht.

In der Umgegend von Vera-Cruz fehlt die Vegetation ganz, und wie in der Wüste ändern diese Hügel mit jedem großen Sturme ihre Form.

Die nächste Folge dieser localen Verhältnisse ist eine überaus hohe Temperatur der Atmosphäre, im Mittel des Jahres 25 Grad C., zwischen Winter und Sommer nur 5 Grad C. Unterschied.

Dieser vorwiegend sandige Küstenstrich ist durchschnittlich 3 deutsche Meilen breit, jedoch nur in der ersten Meile ohne Vegetation. Bei Pajo del Macho hört der Sand gänzlich auf, und Mimosen treten schon in großer Menge auf.

Von hier fängt die Straße an, auch merklich zu steigen.

Die Vegetation des dürren Bodens ändert sich nicht; tropische Ueppigkeit fehlt allenthalben.

In Entfernung von 8—9 deutschen Meilen von Vera-Cruz stößt man indeß zunächst auf „Barranca's", tiefe Schluchten, die von West nach Ost das Land vielfach durchziehen.

Diese Barranca's gehören zu den interessantesten Erscheinungen dieses Landstriches. Da wo sie in großer Breite und geringer Tiefe in die Ebene münden, könnte man sie für enge Thäler oder große Flußbetten halten. Mit ihrer Erhebung verlieren sie aber diesen Charakter ganz und erscheinen als enge Spalten mit steil abfallenden Wänden, in denen bei oft 1000 Fuß betragender Tiefe das darin fließende kleine Flüßchen ohne Bedeutung ist. Diese gewaltigen Sprünge und Risse der Erdoberfläche sind vulkanischer Entstehung.

Schon in dem heißen Landstriche der Terra caliente entwickelt sich in ihrem Schatten eine tropisch üppige Pflanzenwelt.

In den Barranca's ist es immer grün und schön; wie der tropischen Pflanzenwelt bieten sie auch der diese begleitenden Thierwelt einen Zufluchtsort.

Bei Paso del Macho, 5 Meilen von Vera Cruz, betritt man 1500 Fuß hoch die erste Stufe der Cordilleren. Bis in diese Höhe herrscht das gelbe Fieber, der vomito prieto, mehr oder weniger stark, aber ununterbrochen Das Klima wirkt hier überhaupt blutentleerend und entkräftigend auf alle Menschen und zumal auf diejenigen, denen die Gewohnheit an dasselbe nicht zur Seite steht.

Der gemäßigte Landstrich, die Terra templada, beginnt allerdings erst bei Orizaba noch 2500 Fuß höher; nichtsdestoweniger ändern sich von der Grenze dieser ersten Gebirgsstufe ab, bei Paso del Macho, Klima, Vegetation und Boden schon merklich. Das Klima verliert von seinem bis dahin bösartigen Charakter immer mehr; wenigstens die Nächte bieten einige Erfrischung, was an der Küste nicht der Fall ist.

Die Mimosen mengen sich mit verkrüppelten immergrünen Eichen; mit vielen anderen südlichen Baumarten gruppiren sie sich mehr und mehr zu Wäldern, und die Landschaft gewinnt das Ansehen tropischer Fülle und Schönheit. Statt Sand findet sich mehr Thonboden, zuweilen Basalt und Kalk.

Zwischen Orizaba und Ingenio ist der Beginn der zweiten Bergstufe ziemlich sichtbar.

Bis zur Höhe von 6000—7000 Fuß, der in Rede stehenden Straße folgend bis Aculcingo, rechnet man die Terra templada, „jene, wie es in Heller's Beschreibung des Orizaba ꝛc., dem diese Notizen entnommen sind, heißt, glückliche Gegend, wo weder Kälte noch Hitze empfindlich ist, die mittlere Temperatur 20 Grad C. beträgt und ewiges Grünen und Blühen herrscht".

Das gelbe Fieber verschwindet in dieser Zone ganz; in mächtigen Eichenwäldern wandelnd, wird man doch bei jedem Schritt an die Tropen erinnert. Thonboden ist hier vorherrschend.

Hinter Aculzingo, 6000—7000 Fuß hoch, beginnt die Terra fria, die kühle Zone, mit einer mittleren Temperatur von 16 Grad C.

So gelangt man denn bald auf das eigentliche, nirgends unter 7000 Fuß hohe Plateau von Anahuac, aus dem Staate Vera-Cruz in den Staat Puebla. Mit geringen Unebenheiten läuft die Straße auf der fruchtbaren Hochebene entlang bis zur Hauptstadt gleiches Namens. Mais, Weizen, Gerste, Bohnen, Gemüse aller Art sind hier die reichlich vorhandenen Erzeugnisse des Landes.

Die hier betrachtete südliche Straße wählten die Franzosen als ihre Operationslinie; die nördlichere über Jalapa auf Puebla-Mexico war zu spanischen Zeiten die Staatsstraße; mit vielen Kosten hergestellt und früher auch wohl unterhalten, ist sie in neuerer Zeit mit vielem Anderen im Lande verfallen.

Die erstere trägt aber den Charakter einer Kunststraße nicht, weshalb ihre Brauchbarkeit von den Einflüssen der im Juni, Juli und August herrschenden Regenzeit wesentlich beeinträchtigt wird.

Es bleibt uns nun noch übrig, die für die in Rede stehende Operation einschlagenden räumlichen Verhältnisse ins Auge zu fassen.

Spanien konnte sich durch den Besitz der Insel Cuba mit der Havannah für seine Unternehmungen eine gute Basis bilden.

Frankreich indeß konnte sich nur auf seinen Europäischen Besitz basiren; doch benutzte es von seinen Westindischen Besitzungen Martinique mit dem Fort de France als letzten Ruhe- und Sammelpunkt seiner Sendungen, und als Zwischenstation Teneriffa in den Canarischen Inseln.

Von dem französischen Hafen von St. Nazaire, an der Loire-Mündung, von wo die Postschiffe abgehen, bis Vera-Cruz ist die Entfernung auf 1881 See-Meilen oder 470 deutsche Meilen angegeben, welche die Postschiffe in 28, die Truppentransportschiffe, incl. Aufenthalt an den genannten Punkten, in circa 50 Tagen zurücklegen. Der französische Postdienst ist nebenbei bemerkt der Art geregelt, daß in der Mitte jedes Monats ein Schiff abgeht und ankommt; desgleichen kommt in England Ende jeden Monats ein Postschiff aus Vera-Cruz an, und geht wieder dahin ab, so daß Europa zwei Mal monatlich regelmäßig Nachrichten erhält; was natürlich die Sendung besonderer Avisoschiffe nicht ausschließt.

Von Vera-Cruz bis Puebla sind auf beiden erwähnten Straßen circa 35 deutsche Meilen, von Puebla bis Mexico 18 Meilen; im Ganzen also von Vera-Cruz bis Mexico 53 deutsche Meilen; das in der beiliegenden Karte gegebene Profil läßt die Steigungsverhältnisse der Straße beurtheilen. —

Gehen wir nun zur Darstellung der eigentlichen militairischen Action der Alliirten in Folge der Londoner Convention über.

Spanien, begünstigt durch die Nähe der Havannah, war zuerst auf dem Platze; überraschend schnell selbst für seine Alliirten.

Das verwendete Geschwader unter dem Admiral Rubalcaba war folgendermaßen zusammengesetzt:

Schrauben-Fregatten:

Princesa de Asturias   50 Kanonen,
Leolbad   41   ,
Concepcion   37   ,
Petronita   37   ,
Berenguela   37   ,
Blanca   37   ,

Rad-Dampfer.

Isabella Catolica (Admiralschiff)   20   .
Francisco de Asis   20   ,
Blasco de Garay   6   .
Pizarro   6   .
Velasco   6   .
Ferrol   4   .
Guadalquivir   2   .
2 Transportschiffe à   3   .
2 Gabarren,
5 gemiethete Dampf- und ebensoviel Segel-Transportschiffe,
5 Schiffe für Kavallerie und Artillerie à 800—1000 Tons,
12 Landungsprahme mit Kanonen, die im Stande waren, 3000 Mann gleichzeitig ans Land zu setzen.

Im Ganzen also 32 Fahrzeuge mit 17 Kriegsschiffen.

Mit 15 Generalen, 5699 Soldaten, 247 Pferden am Bord, formirt in 4 Infanterie- und 2 Jäger-Bataillonen (Cazadores de Bailen und de la Union), 1 Escadron vom Regiment der Königin, 1 Pionier-Bataillon, war das Geschwader Anfang November 1861 von Spanien abgesegelt und hatte von Cuba noch 2000 Mann mit 350 Artilleristen, deren Berggeschütze mit Ochsen zu bespannen waren, mitgenommen. Der General Prim, Marquis de Castillejos, Graf von Rëus, war bestimmt, den Oberbefehl über das Ganze zu führen.

Die am 10. November 1861 gehaltene spanische Thronrede äußerte sich über das in Gang gesetzte Unternehmen folgendermaßen:

„Die Unordnungen und Ausschreitungen in dem unglücklichen mexicanischen Lande haben ihren Höhepunkt erreicht. Verträge sind gebrochen, Rechte sind vergessen; meine Unterthanen sind dort zu den schwersten Angriffen auf ihr Leben verurtheilt und Gefahren unausgesetzt preisgegeben. Es war unvermeidlich, endlich ein Beispiel wohlthuender Strenge zu statuiren.

Meine Regierung hatte in diesem Sinne die nöthigen Vorbereitungen getroffen, als zwei andere große Nationen Gegenstand eines neuen Gewaltaktes wurden.

Das angethane Unrecht traf gemeinsam, also mußten auch die zu treffenden Maßregeln gemeinsame sein. Meine Regierung wünschte dies.

Frankreich, England und Spanien sind übereingekommen, Genugthuung zu erhalten, die ihnen gebührt, um die Wiederholung von Attentaten zu verhindern, welche der Welt ein öffentliches Aergerniß gegeben und die Menschlichkeit beleidigt haben.

So wird der Gedanke in Betreff der Execution zur Ausführung kommen, mit welchem meine Regierung sich schon längst beschäftigt hat.

Seiner Zeit wird Ihnen Mittheilung von der Convention gemacht werden, welche in dieser Beziehung von den drei vereinigten Mächten unterzeichnet ist."

Gleichzeitig hiermit, am 12. November 1861, ging von Toulon aus der französische Theil der Expedition unter dem Oberbefehl des Vice-Admirals Jurien de Lagravière in See.

Das Geschwader war wie folgt zusammengesetzt:

Schiff	Pferdekraft	Kanonen	Mann
Massena	900	90	913
l'Ardente	800	56	530
la Foudre	800	56	530
la Guerrière	600	34	400
l'Astrée	600	28	380
le Montezuma	450	16	270
le Bertollet	400	10	165
le Lavaisier	220	6	125
le Prony	220	5	136
le Chaptal	220	2	125
le Marceau	120	2	75
la Grenade	110	4	80
l'Aube	250	4	200
la Meuse	160	4	150
la Sèvre	120	2	115

Außerdem wurden 3 Avisos und mehrere Kanonenboote der dortigen Station entnommen, so daß das ganze Geschwader eine Stärke von 6000 Pferdekraft mit 330 Geschützen, mit einer gegen 5000 Mann starken Bemannung repräsentirte.

Personal der Expedition.

Stab: 24 Offiziere.

Linien-Truppen.

Brigade.

2tes Regiment Marine-Infanterie.

Kommandeur: Oberst Hennique,

47 Offiziere,
1296 Unteroffiziere und Soldaten,
15 Pferde,
37 Maulthiere.

1stes Bataillon Marine-Füsiliere.

Kommandant: Allègre, Fregatten-Kapitain;
22 Offiziere,
452 Unteroffiziere und Soldaten,
4 Pferde,
14 Maulthiere.

1 Batterie Marine-Artillerie; gezogene 4Pfünder.
5 Offiziere,
208 Artilleristen,
29 Pferde,
154 Maulthiere.

Reserve.

2tes Bataillon Zouaven vom 2ten Regiment (aus Algier).
Kommandant: Cousin,
22 Offiziere,
501 Unteroffiziere und Soldaten,
9 Pferde,
19 Maulthiere.

1 Batterie Berg-Haubitzen,
bedient von Marine-Artilleristen.
5 Offiziere,
45 Artilleristen,
7 Pferde,
37 Maulthiere.

Kavallerie.

1 Zug Chasseurs d'Afrique (vom 2. Regiment aus Algier).
2 Offiziere,
36 Unteroffiziere und Soldaten,
42 Pferde,
5 Maulthiere.

Reserve-Artillerie.

1 Section gezogene 12Pfünder,
von Marine-Artilleristen bedient.
1 Offizier,
26 Unteroffiziere und Artilleristen.

Genie.

1 Detachement.
2 Offiziere,
65 Unteroffiziere und Soldaten.

Nicht-Combattanten.

Artillerie-Train.

1 Offizier,
56 Soldaten,
2 Pferde,
37 Maulthiere.

Equipagen-Train.

3 Offiziere,
100 Soldaten,
22 Pferde,
110 Maulthiere.

Administrations-Arbeiter.

21 Arbeiter.

Lazarethe.

5 Offiziere (Aerzte),
24 Krankenwärter, } in Vera-Cruz.

Detachement Marine-Soldaten, dem Convoi attachirt.

8 Offiziere,
195 Soldaten,
6 Pferde,
37 Maulthiere.

Gensd'armerie.

1 Offizier,
36 Gensd'armen,
38 Pferde,
2 Maulthiere.

Im Ganzen:

162 Offiziere,
3184 Unteroffiziere und Soldaten,
210 Pferde,
475 Maulthiere.

Den Truppen wurden Marschzelte für die Offiziere und sacs-tentes-abris für die Mannschaften, Zudecken und Utensilien aller Art mitgegeben; ein Feldlazareth wurde für 2400 Mann ausgestattet.

Außerdem wurden 3 tragbare Backöfen und 5000 Säcke zum Transport der Lebensmittel beigegeben.

England sendete nur einige wenige Schiffe mit 800 Mann Landungstruppen an Bord.

Ende November sammelte das französische Geschwader sich vor Teneriffa. Der Admiral erließ unterm 23. folgenden Tages-Befehl:

„Land- und See-Soldaten!

Wir gehen nach Mexico! Wir haben bei dieser, wie bei einigen anderen Unternehmungen, an denen viele von Euch Theil genommen haben, Genugthuung für zahlreiche und ganz frische Beleidigungen zu fordern; wir haben vor Allem für die Achtung vor unserer Fahne, für die Sicherheit unseres Handels und die unserer Bundesgenossen in vermehrter Art als bisher zu sorgen.

Wir empfinden keinen Widerwillen gegen das mexicanische Volk. Wir wissen, was sich von dieser edlen Bevölkerung erwarten ließe, wenn sie im Stande wäre, den unausgesetzten Zwistigkeiten ein Ende zu machen. Aber ohnmächtige Regierungen werden immer die Sicherheit der Fremden schlecht schützen.

Unser wahrer Feind in Mexico ist nicht diese oder jene politische Partei, sondern die Anarchie.

Sie ist ein Feind, mit dem es unnütz ist zu unterhandeln.

Soldaten!

In dem neuen Feldzuge, dem Ihr entgegengeht, habt Ihr als Richter Eurer guten Haltung die sympathische Meinung Eures Vaterlandes, die Zustimmung und den Beifall der civilisirten Welt; und in Mexico selbst werdet Ihr bald die Beglückwünschungen aller Wohlgesinnten entgegennehmen. Begreift also, welche Pflichten Euch diese Lage der Dinge auferlegt. Gebt der Bevölkerung das Beispiel der Ordnung und der Disciplin; lehrt sie den Namen unseres ruhmreichen Vaterlandes achten, die Wohlfahrt und den Frieden, dessen wir uns erfreuen, beneiden, und mit gerechtem Stolze werdet Ihr dann die Worte wiederholen können, die unser Kaiser vor einigen Monaten an uns richtete: „„Ueberall, wo sich die Fahne Frankreichs zeigt, geht Ihr einer gerechten Sache voraus; ein großes Volk folgt ihr.""

In der Havannah sollten die vereinten Kräfte der Alliirten sich sammeln.

Ehe es indeß dazu kam, hatte Spanien sich veranlaßt gefunden, von der Havannah aus plötzlich mit dem größten Theil seiner Expeditionskräfte gegen Bera-Cruz vorzugehen und sich in den Besitz dieser Stadt und des Fort Ulloa zu setzen.

Die Anlage dieses Forts, sowie der Befestigung jener für Mexico wichtigsten Hafenstadt mit jetzt 10,000 Einwohnern, datirt von 1719, aus der Zeit Philipps V. Im Laufe der Zeiten ist hieran Manches geändert und vervollständigt worden.

Ueber ihren Zustand zur Zeit der Erscheinung der Spanier vor derselben, am 8. December 1861, erfahren wir **Folgendes**:

Die Stadt hat eine bastionirte Enceinte mit 6 Fronten, die ziemlich schlecht unterhalten ist; sie war mit 24 Geschützen armirt.

Im Norden befindet sich das Fort de la Concepcion mit 25 Geschützen, so wie das Fort von Santiago mit ähnlicher Ausrüstung. Außerdem fand sich eine Batterie von 6 bronzenen Mörsern.

Die Hauptvertheidigung liegt in dem Fort St. Jean d'Ulloa auf einer kleinen Insel 500 Mètres nordöstlich der Stadt. Hier waren 37 Geschütze (24, 68 und 80 Pfünder) und 4 Bankbatterieen mit zusammen 38 Geschützen ähnlichen Kalibers.

Die gesammte Armirung der Festung betrug sonach 183 Geschütze, wovon 108 auf den Platz selbst und 75 auf das Fort Ulloa kommen.

Mehrere dieser Stücke waren sehr alt; eines von 1587 trug die Insignien Philipps II.; ein anderes mit der Jahreszahl 1776 stammt aus der Zeit Karls III.

Der Hafen ist eine rade foraine, d. h. eine solche, wo die zu besteuernden Waaren aus- und eingehen müssen; er ist den Nordwinden sehr ausgesetzt, weshalb die Mehrzahl der Schiffe bei Sacrificios, 3 Seemeilen von Vera-Cruz, vor Anker gehen.

In einem französischen Berichte finden wir über die Action der Spanier vor Vera-Cruz das Folgende:

„Am 8. December Morgens wurde die Stadt Vera-Cruz durch den Anblick der spanischen Expedition, bestehend aus 2 Fregatten und 9 Transportdampfern, in Aufregung versetzt. Der Eindruck, welchen das Erscheinen der spanischen Kräfte auf der Rhede von Sacrificios hervorrief, war um so lebhafter, als man sich bis zuletzt der Hoffnung hingegeben hatte, die Intervention, wenn nicht vermieden, so doch durch diplomatische Verhandlungen hingehalten zu sehen und dadurch Zeit zu gewinnen, sich zum Widerstande vorzubereiten. — Diese Illusionen mußten bald vor der Wirklichkeit in sich zerfallen, und ein panischer Schrecken folgte plötzlich der unbegreiflichen Sorglosigkeit, der man bis dahin sich hingegeben hatte. Man glaubte Anfangs an einen sofortigen Angriff. Die eisernen Gitter des Hafens wurden geschlossen; und während die Bevölkerung zu den Thoren stürzte, welche landeinwärts führen, beeilten die Behörden sich, das Kriegsmaterial in Sicherheit zu bringen; die Stadt wurde in Belagerungszustand erklärt, und in aller Eile die Nationalgarde einberufen. Die Aufregung legte sich ein Wenig, als man sah, daß die spanische Escadre ordnungsmäßig bei Anton-Lizardo, 12 Meilen von der Stadt vor Anker ging.

Abends fand indeß eine Art Aufruhr statt, und als das Gouvernement den im Frühjahre 1860 den Spaniern an der mexicanischen Küste weggenommenen Dreimaster, Maria-Concepcion, nahe der Mole hatte bringen lassen, steckte das Volk ihn in Brand.

Man setzte indeß an diesem und den folgenden Tagen die Desarmirung des Forts St. Jean d'Ulloa fort. Von 132 Geschützen, welche es enthielt, schätzt man, daß 50—60 mitgenommen sind.

Am Morgen des 10. December vereinigte sich die 2. spanische Division von 13 Kriegs- und Transport-Segelschiffen mit den bei Anton-Lizardo liegenden.

Am 11. verkündete der Kommandant der Flotte, der Admiral Rubalcaba, den Kapitains der französischen und englischen auf der Rhede von Sacrificios liegenden Schiffe la Foudre und Ariadne seine Absicht, den Gouverneur von Vera-Cruz zur Uebergabe der Stadt und des Forts St. Jean d'Ulloa aufzufordern und ihm erklären zu wollen, daß, wenn ihm nicht binnen 24 Stunden eine genügende Antwort geworden, er zum gewaltsamen Angriff schreiten würde, die Verantwortlichkeit der hieraus entstehenden Folgen ihm überlassend. Gleichzeitig wurde mit dem Kapitain des Foudre verabredet, daß, so lange der französische Kommandant en chef nicht angelangt sei, die spanischen Truppen alle Franzosen und deren Eigenthum, soweit vom Lande Besitz genommen werden würde, schützen sollten.

Außerdem kam man über folgende Punkte überein:

1. Der französische Konsul und der französische Kommandant sind von jedem beabsichtigten Angriffe auf die Stadt in Kenntniß zu setzen, damit sie im Stande sind, geeignete Vorkehrungen zum Schutze der Franzosen zu treffen.

2. Selbst nach der Einnahme der Stadt ist der französische Kommandant en chef nach seiner Ankunft berechtigt, in Stadt und Fort eben so viel französische Truppen zu legen, als Spanier darin vorhanden.

3. Alle in öffentlichen und Zollkassen vorgefundenen Gelder sind, so lange die spanische Occupation dauert, durch eine gemischte Kommission festzustellen und dürfen bis zum gemeinsamen Beschlusse der Ober-Kommandanten aller drei vereinigten Mächte zu irgend welchem Zwecke nicht verwandt werden.

4. Ausgenommen die dringende Nothwendigkeit der eigenen Vertheidigung, darf kein Fort und keine Befestigungs-Anlage zerstört werden.

5. Die spanischer Seits gegen mexicanische Schiffe ausgeführte Blokade des Hafens darf die Bewegung französischer Kriegs- und Handelsschiffe in keiner Weise hindern.

6. Der spanische Oberbefehlshaber darf, selbst nachdem er die Stadt genommen, nicht weiter in das Land vordringen, auch ohne Theilnahme des zu erwartenden französischen Ober-Befehlshabers keinen Vertrag abschließen.

7. Endlich sollen alle Rechte Frankreichs eben so gewahrt bleiben, als wenn die französischen Truppen selbst an der Einnahme betheiligt gewesen sein würden.

Der englische Kapitain der Ariadne schloß sich seinerseits allen Punkten an, erklärte indeß, in Ermangelung näherer Instructionen seiner Regierung, sich der Theilnahme an der Einnahme der Stadt enthalten zu müssen.

Zu einem gewaltsamen Angriffe kam es indeß nicht; denn während jener am Bord der Foudre stattfindenden Unterredung verkündete eine Proclamation des Kommandanten der Stadt, daß er dieselbe demnächst verlassen würde. Den Einwohnern wurde verboten, den Spaniern Lebensmittel zu liefern.

Durch heftigen Nordwind in Unthätigkeit gehalten, konnte Admiral Rubalcaba indeß erst am 14. December an den Gouverneur die Aufforderung zur Uebergabe gelangen lassen. Sobald dieselbe in der Stadt bekannt wurde, beeilte man sich mit der Räumung derselben. Der seit einigen Tagen zum Kommandanten der West-Armee ernannte mexicanische General Uraga hatte sich sogleich aller Pferde bemächtigt und bei Todesstrafe alle Eigenthümer von Zugthieren gezwungen, dieselben wenigstens 8 Lieues landeinwärts von Vera-Cruz zu schaffen. Die Landstraßen waren mit Fahrzeugen und Flüchtlingen bedeckt. Im Innern der Stadt wurden die Häuser verbarrikadirt; die Fremden erwarteten die Plünderung.

Am 15. December wurde dem spanischen Oberbefehlshaber durch Vermittelung des französischen Konsuls und des Kommandanten der Foudre die Antwort zugestellt. Sie lautete dahin, daß bis Mittag Stadt und Fort geräumt sein würden. Nach Empfang dieser Antwort verließ der Admiral Anton-Lizardo und ging Nachmittags 4 Uhr vor Vera-Cruz, dessen Einwohner, auf den Terrassen der Häuser versammelt, in Unruhe der Ankunft der Spanier harrten, vor Anker. Eine Deputation der städtischen Behörden schickte sich an, die Thore zu öffnen; aber das den ganzen Tag günstig gewesene Wetter schlug um und die Ausschiffung konnte nicht bewirkt werden.

Am 16. begab sich der Admiral am Bord der Dampffregatte Isabella-Catolica unter das Fort St. Jean d'Ulloa.

Am 17. December Morgens rückten die Spanier in die Stadt ein; sie fanden hier, wie im Fort, Geschütze, die nicht einmal vernagelt waren, sowie Munition und Material in Menge.

Mittags wurde die spanische Flagge aufgehißt und durch das Admiralschiff mit 21 Schüssen begrüßt.

Nunmehr begannen die Spanier sich in der Stadt militairisch einzurichten; sie schifften nach und nach ihre Truppen und ihre Munition aus; aber die Proclamation des Generals Uraga, die jeden Einwohner, der sich dem Feinde nähere, mit dem Tode bedrohte, hatte den größten Theil derselben aus der Stadt vertrieben. Die aus Mexico angekommenen Reisenden haben die Landstraßen mit verlassenen Wagen, in die Gräben geworfenen Geschützen und Bagage, Soldaten ohne Waffen, ohne Bekleidung und Lebensmittel, bedeckt gefunden.

Das plötzliche und vereinzelte Auftreten der Spanier, deren Landungstruppen in Abwesenheit des Generals Prim unter General Gasset standen, sowie der ohne Schwertstreich erlangte bedeutende Erfolg waren gleich überraschend.

Der Zustand der Festung hätte, wie wir gesehen haben, eine ernstliche Vertheidigung sehr wohl zugelassen. Ob Muthlosigkeit oder überlegter Plan die Mexicaner zum Rückzuge bestimmt haben, ist zweifelhaft; das letztere scheint fast das Wahrscheinlichere.

Um indeß über die An= und Absichten des mexicanischen Generals Uraga einige Aufklärung zu erhalten, sprach der französische Vertreter Dubois de Saligny demselben den Wunsch nach einer Unterredung aus, die auch für den 25. December zu Tejeria, 25 Kilomètre (etwa 3 Meilen) von Vera=Cruz, der letzten Station einer bis dahin führenden Eisenbahn, gewährt wurde.

General Uraga, 48 Jahre alt, früher Gesandter in Berlin und Washington, wird als ein Mann von guten Manieren und geistreichem Aeußeren geschildert.

Saligny wurde mit militairischen Honneurs empfangen und kehrte mit dem Glauben zurück, daß Uraga von der Unhaltbarkeit der mexicanischen Vertheidigung gegen die Alliirten überzeugt sei.

Inzwischen nahmen die feindlichen Maßnahmen Seitens der Mexicaner ihren Fortgang; Guerillabanden beschränkten die Spanier, die erst am 22. December mit der Ausschiffung fertig geworden waren, lediglich auf den Besitz der Stadt. Juarez bedrohte in einer Proclamation Jeden mit dem Tode, der Gemeinschaft mit dem Feinde pflege, und schrieb eine Zwangsanleihe von 2% auf das Kapital aus.

In den Tagen vom 7. bis 12. Januar 1862 trafen nun auch der Rest des spanischen Expeditions=Korps mit dem General Prim, sowie Lagravière mit dem französischen Expeditions-Korps vor Vera=Cruz ein; die Beendigung der Ausschiffung zog sich indeß bis zu den ersten Tagen des Februar hinaus.

Man redete die Bevölkerung in einer gemeinsamen Proclamation d. d. Vera=Cruz den 10. Januar 1862 folgendermaßen an:

„Mexicaner! Die Vertreter Englands, Frankreichs und Spaniens erfüllen eine heilige Pflicht, indem sie bei ihrer Ankunft auf dem Gebiete der Republik Euch ihre Absichten kund geben. Die

Verletzung der Verträge von Seiten Eurer verschiedenen Regierungen, die unausgesetzt bedrohte Sicherheit unserer Landsleute, haben diese Expedition unumgänglich nothwendig gemacht. Diejenigen hintergehen Euch, die Euch den Glauben beibringen wollen, daß hinter diesen gerechten Forderungen sich Pläne zur Eroberung, Restauration oder zur Einmischung in Eure Politik und Verwaltung verbergen. Drei Nationen, die in loyaler Weise Eure Unabhängigkeit anerkannt haben, können mit Recht verlangen, daß man ihnen edlere, höhere und großherzigere Gesinnungen, als Euch zu hintergehen, zutraue. Die drei Nationen, welche wir vertreten, deren erstes Interesse es ist, Genugthuung für die ihnen zugefügten Unbilden zu erlangen, haben einen höheren, weiter gehenden und nützlicheren Beweggrund: sie wollen die Freundeshand einem Volke reichen, dem die Vorsehung alle ihre Gaben gespendet hat, das aber, wie sie mit Schmerzen sehen, unter den heftigen Erschütterungen der Bürgerkriege seine Kräfte verzehrt und seine Lebenskraft erschöpft. Dies ist die Wahrheit, und wir, die wir den Auftrag haben, sie Euch zu sagen, thun es nur, damit Ihr an Eurer Zukunft, die uns interessirt, arbeitet, und nicht in der Absicht, mit Euch Krieg zu führen. Ausschließlich an Euch ist es, ohne irgend eine auswärtige Intervention, Euch in fester und dauerhafter Weise zu constituiren. Euer Werk wird das Werk der Wiedergeburt sein, dem Alle, die dazu beigetragen haben, sei es durch ihre Gesinnung oder durch ihren Namen, Alle aber in ehrlicher Absicht, ihren Beifall zollen werden. Das Uebel ist schwer; das Handeln dringlich. Heute oder nie könnt Ihr Euer Glück schaffen. Mexicaner! Hört die Stimme der Alliirten, die Euch inmitten des Euch umtobenden Sturmes zum Rettungsanker werden soll. Habet vollkommenes Vertrauen zu ihrem redlichen Willen und ihren großmüthigen Absichten; fürchtet unruhige und böswillige Geister nicht. Eure feste und entschlossene Haltung wird sie in Verwirrung bringen, während wir unbeweglich dem großartigen Schauspiel Eurer durch Ordnung und Freiheit verbürgten Wiedergeburt beiwohnen. Dies werden, wir sind dessen sicher, die Spitze der Regierung, sowie die hervorragenden Männer des Landes, an die wir das Wort richten, einsehen, und alle guten Patrioten werden dem beipflichten.

Anstatt es auf die Entscheidung der Waffen ankommen zu lassen, ist es besser, vor Allem der Vernunft Gehör zu schenken, die allein im 19. Jahrhundert triumphiren soll."

Zur ersten und dringenden Nothwendigkeit wurde es, mit den Truppen über Vera-Cruz hinaus zu rücken, um nach Möglichkeit diese ungesunde Stadt zu meiden.

Zu dem Ende bezogen vom 18. Januar ab die Franzosen ein Lager bei Tejeria, die Spanier ein solches bei Medellin, einige Meilen vor den Thoren der Stadt; die Engländer besetzten das Fort Ulloa, in welcher Situation man einstweilen verblieb.

Die Nachricht von dem einseitigen und energischen Auftreten Spaniens war inzwischen Anfang Januar nach Europa gelangt und veranlaßte Frankreich zur alsbaldigen Absendung von Verstärkungen, um mit gleicher Stärke wie Spanien auftreten und in den diplomatischen Verhandlungen den Worten seiner Vertreter gleichen Nachdruck verleihen zu können.

Da, wenn nicht von Hause aus, so doch jetzt, das Vorgehen gegen die Stadt Mexico der französischen Regierung wohl als eine unabweisbare Nothwendigkeit erschien, so wurde ein besonderer Befehlshaber der Landungstruppen in der Person des Brigade-Generals Grafen Latrille de Lorencez ernannt und zur gleichzeitigen Absendung mit ihm folgende Truppen bestimmt:

Aus Frankreich

das 1. Bataillon Jäger zu Fuß mit 6 Kompagnien,
2 Bataillone des 99. Linien-Infanterie-Regiments, jedes Bataillon zu 6 Kompagnien,
1 Batterie des 9. Artillerie-Regiments monté mit 6 Geschützen,
Detachements Genie und Train.

Aus Algier

1 Bataillon Zouaven vom 2. Regiment mit 8 Kompagnien,
²/₄ Escadrons Chasseurs d'Afrique vom 2. Regiment.

Am 28. Januar 1862 und in den folgenden Tagen gingen die Schiffe Forfait, Amazone, Turenne, Darien, Asmodée, Canada, Finisterre, Fontenoy und Moselle mit diesen Truppen, circa 4000 Mann, in See. Der Fontenoy, der in Oran 1100 Zouaven an Bord genommen hatte, fuhr schon an der spanischen Küste mit einem englischen Kauffahrteischiffe zusammen und wurde stark beschädigt, so daß die Schiffe Labrador, Cacique und Tanger bestimmt werden mußten, seine Ladung zu übernehmen; sie konnten am 23. Februar von Cadix aus die Reise nach Vera-Cruz wieder antreten.

Am 28. Januar wurden in Paris auch die Kammern eröffnet, und der betreffende Passus der Thronrede drückt sich so aus:

> „Nous ne serions en lutte avec personne, si au Mexique les procédés d'un gouvernement sans scrupules ne nous avaient obligés de nous réunir à l'Espagne et à l'Angleterre pour protéger nos nationaux et reprimer des attentats contre l'humanité et le droit des gens. Il ne peut sortir de ce conflit rien qui soit de nature à altérer la confiance dans l'avenir."

Bevor indeß diese französischen Verstärkungen in Mexico eintreffen konnten, hatten die Kommandeure und Bevollmächtigten der Alliirten in Vera-Cruz sich nunmehr über ihre weiteren Maßnahmen zu einigen.

Der Gesundheitszustand der alliirten Truppen, die immer noch den Einflüssen der Terra caliente ausgesetzt und zum Beginn eines ernstlichen Vormarsches gegen Mexico mit den erforderlichen Transportmitteln nicht ausgerüstet waren, wurde täglich bedenklicher.

Man mußte also suchen, in anscheinend friedlichem Verhältnisse mit seinen Kantonnirungen weiter gegen das gesunde Plateau vorzurücken, um dort die Vervollständigung der Ausrüstung abzuwarten.

Das Resultat der inzwischen eingeleiteten Verhandlungen war die unterm 19. Februar zu Soledad abgeschlossene, folgendermaßen lautende Convention:

Artikel 1. Da die constitutionelle Regierung, welche gegenwärtig in der Republik Mexico im Besitze der Gewalt ist, die Kommissare der verbündeten Mächte davon in Kenntniß gesetzt hat, daß sie der von denselben mit so vielem Wohlwollen dem mexicanischen Volke angebotenen Unterstützung nicht bedarf, weil dieses Volk in sich selbst genügende Kraft besitzt, um sich vor jeder Empörung im Innern zu schützen, so werden die Verbündeten zu Unterhandlungen schreiten, um alle Forderungen, welche sie im Namen ihrer betreffenden Regierungen geltend zu machen haben, vorzulegen.

Artikel 2. Zu diesem Zwecke, und indem die Vertreter der verbündeten Mächte erklären, daß sie keineswegs die Absicht haben, der Souveränetät der mexicanischen Republik Abbruch zu thun, sollen Verhandlungen in Orizaba eröffnet werden, wohin die Kommissare der verbündeten Mächte und die Minister der Republik sich verfügen werden, wofern nicht besondere Bevollmächtigte beider Parteien ernannt werden sollten.

Artikel 3. So lange diese Verhandlungen dauern, werden die Streitkräfte der verbündeten Mächte die Städte Cordova, Orizaba und Tehuacan besetzen.

Artikel 4. Damit in keiner Weise unterstellt werden könne, als hätten die Verbündeten diese Präliminarien zu dem Zwecke unterzeichnet, um Zutritt zu den festen Stellungen zu erlangen, die jetzt von der mexicanischen Armee besetzt sind, wird festgestellt, daß, im Falle die Unterhandlungen unglücklicher Weise abgebrochen werden sollten, die verbündeten Streitkräfte sich von obenbenannten Stellungen wieder zurückziehen und Stellung auf der Straße von Vera-Cruz nehmen werden, so daß die äußersten Punkte il Paso Ancho auf der Straße von Cordova und il Paso de Ovejas auf der Straße von Jalapa sind.

Artikel 5. In dem Falle, wo unglücklicherweise die Verhandlungen unterbrochen würden und die Verbündeten sich zurückzögen, würden die Spitäler der Verbündeten unter dem Schutze der mexicanischen Nation bleiben.

Artikel 6. An dem Tage, wo die Verbündeten ihren Marsch antreten, um die in Art. 3 benannten Punkte zu besetzen, wird die mexicanische Fahne auf der Stadt Vera-Cruz und auf dem Fort San Juan d'Ulloa aufgepflanzt.

Man sieht, die Alliirten verstanden sich hier zu eigenthümlichen Bedingungen, so daß die Konvention in Paris an höchster Stelle im Unwillen als eine „Kapitulation" bezeichnet sein soll.

Dem obersten aller Grundsätze, dem der Selbsterhaltung, wurde indeß damit genügt. Sogleich schickte man sich an, den §. 3 der Konvention zur Ausführung zu bringen und bezog gesundere Quartiere: die Spanier in Cordova und Orizaba; die Franzosen — ganz südlich der einzuschlagenden Operationslinie — in Tehuacan.

Der englische Theil der Expedition, der an einem Vormarsch sich unter keinen Umständen betheiligen wollte, verließ schon jetzt Mexico ganz und ging zunächst nach der Havannah, später nach England zurück.

Während man so für die Erhaltung und weitere Ausrüstung der Truppen Zeit gewann, zeigten sich indeß in der Auslegung der Tragweite der Londoner Konvention, sowie in Betreff der Schritte, die zur Erledigung der gestellten Ultimata zu thun seien, unter den Vertretern der Alliirten verschiedene Auffassungen.

Die Ansichten der spanischen und englischen Bevollmächtigten entfernten sich täglich mehr von denen der französischen Vertreter.

Die Haltung der seit Anfang Februar von dem Eintreffen von Verstärkungen unterrichteten französischen Bevollmächtigten wurde mit der Annäherung derselben eine immer selbstständigere; die Spannung dem General Prim gegenüber, der England auf seiner Seite hatte, wurde immer schärfer; eigennützige Absichten, sei es für seine Regierung oder gar für seine Person, warf man ihm vor: den Franzosen eine ganz unbegründete Steigerung ihrer Geldforderungen, die man näher zu präcisiren sich bis jetzt vorbehalten hatte.

Inzwischen trafen am 5. März General Lorencez und in den nächsten 14 Tagen auch seine Truppen in Vera-Cruz ein. Hier bekam er erst Kenntniß von der Konvention von Soledad und von der damit durchaus veränderten Lage der Dinge, als seine aus Frankreich mitgebrachten Instruktionen sie voraussetzen konnten, wo erst zu dieser selben Zeit die Konvention bekannt wurde.

Die Haltung der französischen Bevollmächtigten in den Verhandlungen hatte einen Abbruch derselben indessen passend vorbereitet, worauf man von jetzt ab französischerseits hinstrebte. Schon zur Zeit des Abschlusses der Konvention von London hatten wohl alle drei alliirten Mächte die Idee nicht von der Hand gewiesen, die in Mexico beabsichtigte Action auf die conservative, also der bestehenden Regierung feindliche Partei zu stützen, die durch ihre nach Europa gesandten Vertreter, die Generale Almonte und Miramon, an den betreffenden Höfen als eine mindestens so starke geschildert wurde, daß sie mit einiger Unterstützung an die Spitze des Gouvernements gelangen könne.

Diese Partei verlangte für Mexico die monarchische Regierungsform, und, wenn auch noch so wenig bindend, so hatte auch Spanien und England sich die Erörterung dieser Idee, die Frankreich gut hieß, gefallen lassen. Selbst die Person des Erzherzogs Maximilian von Oesterreich wurde als präsumtiver Träger der neuen Krone in diplomatischen Schriftstücken erwähnt; doch, wie gesagt, man schien sich in dieser Beziehung erst nach militairischen Erfolgen einigen zu wollen und ließ die Frage offen.

Während indessen nun Frankreich jene Mexicaner Almonte und Miramon unter seinen directen Schutz nahm und sich offen für die Partei aussprach, welche sie vertraten, fanden die Bevollmächtigten Spaniens und Englands sich an Ort und Stelle veranlaßt, mit jedem Tage mehr dieser Auffassung entgegen zu treten.

Schon Ende Januar hatte der englische Bevollmächtigte den in Vera-Cruz aus Europa ankommenden Miramon sofort verhaften und nach der Havannah zurückbringen lassen.

Almonte kam später, fast gleichzeitig mit dem General Lorencez, an. Spanischer- und englischerseits forderte man gleichfalls des Ersteren sofortige Entfernung aus dem Lande. Französischerseits wurde sie kategorisch verweigert und Almonte unter den directen Schutz der französischen Fahne genommen.

Zu alle diesem trat das gleichzeitige schroffste Auftreten des Präsidenten Juarez, der, gleichfalls Almonte's sofortige Entfernung fordernd, Zwangsanleihen bei In- und Ausländern ausschrieb und mit äußerster Gewalt jede ihm feindliche Parteiregung niederzuhalten suchte. So befahl er unter anderm, den mexicanischen General Robles, der wohl mit Almonte in Verbindung stand, zu verhaften. Bei einem Fluchtversuch wurde Robles mit dem Lasso eingefangen und mit zerschmettertem Arm am 24. März standrechtlich erschossen.

Diese Rohheiten und Gewaltmaßregeln schienen endlich selbst den General Prim zum gemeinsamen Vorgehen gegen Juarez bestimmen zu wollen. In einer am 11. April zu Orizaba abgehaltenen Konferenz trat indeß die ganze Differenz der Grundauffassungen für die weiteren Schritte mit solcher Schärfe und Heftigkeit zwischen den anwesenden Vertretern der alliirten Mächte von Neuem hervor, daß die bestimmte Auflösung der Londoner Konvention ihr Resultat war.

Admiral Lagravière, noch immer Ober-Befehlshaber aller französischen Streitkräfte zu Lande und zu Wasser, erklärte, vom Artikel 4 der Soledader Konvention Gebrauch machen und nach Paso-Ancho zurückgehen zu wollen; General Prim, daß er unter diesen Umständen mit seinen sämmtlichen Truppen das mexicanische Gebiet sofort verlassen und sich wieder einschiffen würde.

Während Spanien und England sich also noch weitere Erfolge von Verhandlungen mit der Regierung Juarez versprachen, stellte Frankreich die Beseitigung dieser Regierung als zunächst zu verfolgendes Ziel hin, wozu selbstredend die militairische Action erforderlich war.

So natürlich es erschien, in Vera-Cruz angelangt, nicht von Neuem mit Unterhandlungen anzufangen, die sich zu evident als zwecklos bereits erwiesen hatten, so hat die spanische Regierung den sehr verantwortlichen Schritt des Generals Prim doch später gutgeheißen.

Andrerseits hat aber auch Frankreich das Verhalten seiner Bevollmächtigten gebilligt, und damit die Fortführung der ganzen Expedition auf seine Kräfte allein gestützt und auf eigene Rechnung übernommen.

Wir möchten glauben, daß man französischerseits diese äußerste Konsequenz nicht sogleich in Rechnung gezogen, oder in diesem Falle mindestens die Schwierigkeiten des ganzen Unternehmens unterschätzt hat; denn es wäre ein mehr als gewagtes Unternehmen gewesen, einem Detaschement von 6000 Mann — welches 3—4 Monate ohne alle Unterstützung bleiben mußte — die Eroberung der Hauptstadt Mexico aufzugeben.

Hätte General Prim nicht trotz des Abrathens des Gouverneurs von Cuba seine Truppen sofort eingeschifft, ohne eine Entscheidung seiner Regierung abzuwarten, so ist fast zu glauben, daß die spanische Regierung sich von dem Unternehmen nicht zurückgezogen haben, sondern daß man in Europa Ziele und Formen vereinbart haben würde, die den Bestand der Londoner Konvention gesichert hätten.

Das Zurückschicken der spanischen Truppen nach Vera-Cruz würde indeß eine allzu grelle Desavouirung des spanischen Bevollmächtigten in sich geschlossen haben.

England hat diplomatisch die Londoner Konvention zwar nur für unterbrochen und nicht aufgehoben erklärt. Thatsächlich erscheint sie aber als aufgehoben und die Last des ganzen Unternehmens ruhte nun allein auf Frankreich, das selbstredend zunächst seine eigene und möglichst vollständige Genugthuung und Schadloshaltung verfolgen wird. —

Der jedenfalls alsbald von den Vorgängen in Orizaba am 11. April in Kenntniß gesetzte General Lorencez, in dessen Hände Lagravière die Leitung der Land-Expedition legte, bestimmte Chiluite, statt Paso Ancho, zum Rendez-vous aller disponiblen französischen Streitkräfte, wo er selbst mit seinen Truppen seit dem 6. April schon vereinigt stand.

Die Spanier räumten sofort Orizaba und Cordova, um zur Einschiffung nach Vera-Cruz zu marschiren; und so war denn endlich nach einem schon dreimonatlichen Aufenthalt auf mexicanischem Grund und Boden das Operationsfeld für eine geordnete kriegerische Action geschaffen, zu welcher sofort überzugehen General Lorencez nicht säumte.

Das zur Verfügung stehende französische Korps war jetzt wie folgt zusammengesetzt:

Oberbefehlshaber des Ganzen, der Kräfte zur See und zu Lande, der Vice-Admiral Jurien de Lagravière.

Oberbefehlshaber der ausgeschifften Truppen, General Graf Latrille de Lorencez (war 1854/55 in der Krim Kommandeur des zur Brigade Bonnet gehörigen 47. Linien-Infanterie-Regiments, wurde beim Sturm auf den Malakof durch einen Bombensplitter stark an der Hüfte blessirt).

Chef des Stabes: Oberst Letellier-Balazé (früher Adjutant des Generals Changarnier.)

1 Adjutant, 2 Ordonnanz-Offiziere, 3 Generalstabs-Offiziere, 1 Kommandeur der Artillerie, 1 desgleichen des Genies.

Militair-Intendant Raval (blieb am 5. Mai vor Puebla).

General-Arzt Lallemand (erlag später in Vera-Cruz am gelben Fieber).

1 General-Zahlmeister,
1 Chef des topographischen Bureaus.

Truppen.
Infanterie.

1. Bataillon Jäger zu Fuß (aus Lyon)	750 Köpfe,	6 Pferde u. Maulthiere.
99. Linien-Infanterie-Regiment, Stab und 2 Bataillone à 6 Komp. (Caën)	1500 -	16 -
2. Zouaven-Regiment, Stab und 2 Bataillone à 8 Komp. (Oran). . . .	1800	15 =
Latus	4050 Köpfe,	37 Pferde u. Maulthiere.

	Köpfe,	Pferde u. Maulthiere,	Geschütze.
Transport	4050	37	
vom 2. Marine-Infanterie-Regiment 2 Bataillone (Brest und aus den Antillen)	1700	15	–
1 Bataillon Marine-Füsiliere	600	6	
Kavallerie.			
1 Escadron vom 2. Regiment Chasseurs d'Afrique (Oran)	200	210	—
Artillerie.			
1 Batterie vom 9. Artillerie-Regiment monté (fahrende) (Vincennes)	205	170	6 gez. Gesch.
(6 caissons de combat 6 = de reserve 2 Feldschmieden, 1 Vorrathswagen.)			
1 Detachement der 1. Escadron Artillerie-Train (Algier)	65	100	—
1 Batterie Feld-Artillerie, bedient von Marine-Artillerie	100	—	4
1 Section Berghaubitzen, 2 Geschütze.			
1 Section gez. 12 Pfünder, 2 Geschütze	100	10	4
Bespannung vom Artillerie-Train.			
Genie.			
6. Kompagnie vom 2. Regiment (Arras)	160	—	—
1 Detachement Genie-Arbeiter (Metz)	50	—	—
Latus	7230 Köpfe, 548 Pferde 2c. 14 G.		

	Köpfe,	Pferde u. Maulthiere,	Geschütze.
Transport	7230	548	14

Equipagen-Train.

Von der 3. Escadron 1 Kompagnie legère mit 70 carolets, 30 litières (Oran)	160	232	—
1 Detachement Arbeiter und Krankenwärter (Vernon)	50	—	—

Gensdarmerie.

1 Detachement (von den Antillen genommen) . .	50	50	—
Stab	65	80	—
Summa	7555 Köpfe,	910 Pferde ꝛc.	14 G.

Im Ganzen also höchstens 6000 Kombattanten und 1500 Nicht-Kombattanten mit 14 Geschützen, wobei der große Mangel an Kavallerie noch besonders fühlbar hervortrat.

Dem Präsidenten Juarez war von der Auflösung der Londoner Konvention, sowie, daß Frankreich sein Recht ferner allein suchen würde, Mittheilung gemacht.

Schon am 18. April erhielt General Lorencez vom General Zaragoza, dem inzwischen an Stelle des abgesetzten Uraga der Oberbefehl über die mexicanische Ost-Armee übergeben war, ein Schreiben, worin dieser ihm anzeigte, daß er für die Sicherheit der konventionsmäßig in Orizaba zurückgebliebenen 400 kranken Franzosen nicht länger einstehen könne.

Diesen Umstand benutzte Lorencez, seinen Tages-Befehl zum Vormarsch folgendermaßen einzukleiden:

„Chicuite den 19. April 1861.

Land- und Seesoldaten!

Ungeachtet der an Euren Kameraden begangenen Morde und der Proclamation der mexicanischen Regierung, welche hierzu aufmuntert, wollte ich den Festsetzungen der zwischen den Alliirten und der Mexicanischen Regierung geschlossenen Konvention bis bis zum Aeußersten getreulich nachkommen.

So eben erhalte ich aber vom General Zaragoza ein Schreiben, wonach unsere konventionsmäßig in Orizaba unter einer Schutzwache zurückgelassenen Kranken aufs Aeußerste bedroht sind. Solchen Thatsachen gegenüber hat das Zögern ein Ende. Marschiren wir nach Orizaba, unseren 400 Kameraden zu Hülfe, die von einem hinterlistigen Attentat bedroht sind. Zu Hülfe ihnen! mit dem Rufe: „Es lebe der Kaiser!"

Am 20. April früh Morgens wurde der Vormarsch gegen Orizaba angetreten.

In dem französischen Berichte heißt es hierüber:

„Der Kapitain vom Generalstabe Capitan, der den Vortrupp der Avant-Garde kommandirte, brachte bald in Erfahrung, daß 2 mexicanische Bataillone mit 4 Geschützen und einer Escadron Kavallerie uns den Weg versperren wollten.

Der Offizier ließ zwischen Caclalpa und Orizaba angreifen, zerstreute die Escadron, tödtete 5 Mann und machte 10 Mann und 15 Pferde zu Gefangenen. Die mexicanische Infanterie trat ihren Rückzug an; Orizaba wurde selbigen Tages ohne Widerstand besetzt; General Zaragoza hatte es am Abend vorher mit 400 Mann und 8 Geschützen verlassen."

Nach anderen Nachrichten hatte jene im Gefecht zerstreute mexicanische Escadron der nach Vera-Cruz zurückkehrenden Gemahlin des Generals Prim, einer gebornen Mexicanerin, auf ihrer Rückreise nach Vera-Cruz das Geleit geben sollen, und wurde in diesem chevaleresken Dienst in erwähnter Art gestört.

Von Chienite bis Orizaba sind wohl gegen 5 deutsche Meilen, und die französische Marschleistung ist an diesem Tage eine außergewöhnliche zu nennen, zumal gegen die später so klein werdenden Märsche, was in dem damals noch guten Wegezustand seine ausreichende Erklärung findet.

In Orizaba blieb die französische Kolonne eine Woche, bis zum 27. April. Am 21. April hatte vor dem Thore von Orizaba ein unbedeutendes Rencontre zwischen französischen Gensdarmen und mexicanischen Ulanen statt. Am 23. erhielt die Kolonne einen ersten kleinen Zuwachs durch den mit 300 Mann zu ihr übergehenden General Galvez. Man hatte auf einen massenhaften Abfall gerechnet, sich darin aber getäuscht. Die drakonische Strenge der Regierung hinderte hieran, wie an freundschaftlichen Kundgebungen der Bevölkerung, wenn solche auch beabsichtigt gewesen sein mögen.

Am 26. April traf in Orizaba auch die Depesche des Kaisers aus Paris ein, welche die Ratifizirung der Konvention von Soledad versagte. Gleichzeitig wurde dem Admiral Lagravière der Oberbefehl entzogen und an den General Lorencez, der zum Divisions-General ernannt wurde, übertragen.

Lagravière, nach Frankreich zurückberufen, wo man später mit allen seinen Maßnahmen sich indeß vollständig einverstanden erklärte, kehrte unter der Bedeckung des Generals Galvez nach Vera=Cruz und von da über New=York nach Europa zurück, dem Kapitain Roze das Kommando über die Flotte überlassend.

Diese letztere, die eigentliche Basis für die Operation des kleinen Häufleins in fernem Lande, hat unter dem letztgenannten Offizier durch Heranschaffung von Proviant und Material aller Art die wesentlichsten Dienste geleistet.

Am 27. April also, an demselben Tage wo die ersten wieder eingeschifften Spanier in der Havannah eintrafen, brach Lorencez von Neuem auf nach Puebla und, wie man wähnte, nach Mexico.

Von Orizaba bis Puebla, in welcher letzteren Stadt Saligny und Almonte den freundlichsten Empfang verheißen hatten, sind 18 deutsche Meilen; auf den ersten 4—5 Meilen mußte das Plateau von Anahuac erstiegen werden. Nachdem die Straße zunächst 1½—2 Meilen das Thal des Rio Blanco verfolgt, erreicht sie alsbald die Stadt Aculzingo und ersteigt von da in Serpentinen durch den Paß, die „Cumbres" genannt, das Plateau selbst; während Orizaba 3920 Fuß über dem Meeresspiegel liegt, mißt der höchste Punkt des Passes 7328 Fuß.

In diesen Paß hatte Zaragoza seinen ersten ernstlichen Widerstand gelegt.

Am 28. April stieß man bei Aculzingo auf den Feind, der den Weitermarsch verwehrte. Man hatte in dem genannten Orte bereits Quartiere bezogen, und beabsichtigte die Ersteigung des Plateaus erst anderen Tages auszuführen, als gegen Mittag bei den Vorposten das Feuer lebhaft wurde, so daß es gerathen schien, sich auf einen ernstlichen Angriff gefaßt zu halten.

Die zu gewinnende starke Position ist eine 1900 Fuß über Aculzingo sich hinziehende bewaldete Bergkette.

Da ein weiterer Angriff Seitens der Mexicaner indeß nicht erfolgte, man den Feind in solcher Nähe aber nicht dulden konnte, so ging man selbst zum Angriff über.

Ungeachtet eines sehr lebhaften Feuers Seitens der Mexicaner wurden alle ihre Positionen im Fluge genommen.

Die Mexicaner verloren 2 Berghaubitzen und 20 Gefangene; dem General Astiaga wurde der Schenkel zerschmettert, zu Canada mußte er sich amputiren lassen.

Auf eine Vertheidigung des zweiten Absatzes der Cumbres, der etwa noch 900 Fuß höher gelegen ist, ließ sich General Zaragoza nicht ein. Die Franzosen haben in diesem Gefechte 4 Todte und 28 Verwundete gehabt, unter den Letzteren 2 Offiziere. Die Verluste der Mexicaner sind nicht bekannt geworden.

Der Gesundheitszustand bei den Franzosen zu jener Zeit wird gelobt, ebenso die Einrichtung der Lazarethe in Orizaba.

Die Folgen dieser ersten glücklichen Affaire wurden französischerseits als sehr günstige geschildert; mehrere Städte, wie Tepeaca und Aculzingo erklärten sich zu Gunsten der Franzosen und sprachen die Absetzung des Präsidenten Juarez aus; doch bleibt zu beachten, daß diese Städte zunächst in den directen Wirkungsbereich der französischen Truppen gelangen mußten.

General Lorencez soll die Folgen als so weittragende angesehen haben, daß er in seinem Berichte sich geäußert haben soll:

„Mexico liegt zu Ew. Majestät Füßen."

Doch es sollte anders kommen. —

Canada de Istapan, welches man am Tage der Wegnahme der Cumbres erreicht hatte, verließ die Kolonne nach zweitägigem Aufenthalte am 1. Mai. Ohne Widerstand zu finden, den Feind einen Tagemarsch vor sich hertreibend, kam man am 4. Mai in Amojoc an.

General Zaragoza war am 3. Mai in Puebla eingetroffen, welche Stadt auf Befehl der Regierung energisch vertheidigt werden sollte. Er hatte nur 300 Pferde als Arrieregarde zur Beobachtung des Feindes hinter sich zurückgelassen.

La Puebla de los Angeles, die Hauptstadt des Staates gleichen Namens, mit jetzt 70,000 Einwohnern, ist nächst Mexico die wichtigste Stadt des Landes. Sie ist eine der wenigen von europäischen Kolonisten gegründeten und verdankt den Zusatz in ihrer Benennung „de los Angeles" der Sage, daß beim Bau seiner Kathedrale, des schönsten seiner 60 Gotteshäuser, Engel halfen, indem sie jedesmal über Nacht dem Baue der Menschenhände ein gleiches Stück mit ihrer Hand hinzufügten.

Geräumige, sich rechtwinklig schneidende Straßen mit sauberem Pflaster, in denen zwischen wohlaussehenden mit Plattformen und eisernen Balkonen versehenen Häusern ein reges Leben herrscht, dazwischen die eleganten, mit reich geschirrten Maulthieren bespannten Equipagen der Vornehmen, lassen bei gesunden klimatischen Verhältnissen die Stadt als eine, wenn auch vom europäischen Charakter ganz abweichende, doch anziehende und schöne erscheinen.

Die Umgegend des hier 7000 Fuß hohen Plateaus ist zwar reich, aber kahl und baumlos.

Die militairische Situation von Puebla ergiebt sich vollständig aus dem beigefügten Plane, dessen Original der General Zaragoza seinem an den Präsidenten gerichteten Berichte über die Schlacht am 5. Mai angeschlossen hat.

Puebla war bis dahin eine offene Stadt gewesen, deren Häuser-

Complex von den im Nord=Osten gelegenen Höhen von Guadelupe und St. Loretto vollständig beherrscht wird.

Seit der Landung der Alliirten hatte man die Befestigung von Puebla und zumal die der genannten Höhen begonnen.

Am Tage des Angriffs, am 5. Mai, war man mit der Befestigung der Höhen ziemlich zu Ende gekommen; die der Stadt beschränkte sich, wie es scheint, auf in den Straßen aufgeworfene Barrikaden. General Zaragoza sagt in seinem Bericht selbst, daß er die die Stadt betreffenden Arbeiten vernachlässigt gefunden und in Eile die Errichtung von Barrikaden noch angeordnet habe.

Was an Positions=Artillerie vorhanden war, wurde zur Armirung des unter dem Kommando des Generals Tapia stehenden Platzes verwendet.

Auf der Höhe von Guadelupe liegt ein Kloster; nach französischer Angabe feuerten aus dieser Position, die ein „Fort" genannt wird, 10 24Pfünder, und außerdem noch eine Anzahl Berg=Haubitzen von den Plattformen der Gebäude und aus den Thürmen.

Durch Verwendung von Erdsäcken und unter dem Schutze eines mit Bäumen besetzten Grabens hatte man zwischen den beiden Höhen für kleines Gewehrfeuer drei Etagen hergestellt.

Am 4. Mai ließ Zaragoza die Position Guadelupe=Loreto durch die 1200 Mann starke 2te Division mit 2 Feld= und 2 Berg=Batterieen unter General Negrette besetzen.

Der Rest seiner Truppen, bestehend aus 3 Infanterie= und 1 Kavallerie=Brigade

Infanterie:
(General Berriozabal 1080 Mann,
= Diaz 1000 =
- Lamadrid 1020 =

Kavallerie: General Alvarez 550 Pferde und 1 Batterie, bivouaquirte bis zum 4. Mittags in der Stadt auf dem Platz San José und rückte dann in seine Quartiere, nachdem bekannt geworden war, daß der Feind heute nur bis Amosoc vorgegangen sei.

Zwei Infanterie=Brigaden, O'Horan und Carbajal, hatten nach Atlixco und Matamoros gesandt werden müssen, um die dort versammelt stehenden Truppen der feindlich gesinnten Generale Cobas und Marquez abzuhalten, resp. ihr Uebergehen zum Feinde zu verhindern.

General Zaragoza giebt an, er habe die Absicht gehabt, am 5. Mai mit den zur Besatzung der Höhen von Guadelupe und Loretto nicht verwendeten Truppen gegen die Franzosen zum Angriff überzugehen, zu welchem Ende Morgens 5 Uhr alle Truppen auf ihren Rendezvous gestanden, wie es im Plane unter schwarz A. A. verzeichnet ist. Da indeß um 10 Uhr Morgens der Feind in Sicht gekommen und unverkennbar seine Absicht, die Höhen direct anzugreifen, zu erkennen gegeben habe, so sei die beabsichtigte Offensive aufgegeben, vielmehr alle Anordnungen jetzt lediglich auf die Defensive gerichtet, und zu dem Ende die Brigade Berriozabal schleunigst zur Verstärkung der Besatzung der Höhen, die Hälfte der Kavallerie, die Carabiniers, auf die nördliche Seite der Loretto-Höhe abgesandt, damit sie von da aus den feindlichen Angriff event. in die Flanke nehmen konnte.

Die Gesammt-Besatzung der Stadt incl. Höhen bestand also aus circa 4300 Mann Infanterie, 550 Pferden, 5 Feld-Batterieen und einer zahlreichen Positions-Artillerie.

Diese Kräfte vertheilten sich der Art, daß die Höhen durch
2300 Mann Infanterie,
250   =   Kavallerie,
4 Feldbatterieen und
zahlreiche Positions-Geschütze, die offene Seite der Stadt, da, wo die Straße von Vera-Cruz sie trifft, durch
2000 Mann Infanterie,
300   =   Kavallerie,
1 Feld-Batterie und hinter
den Barrikaden vermuthlich auch einige Positions-Geschütze vertheidigt werden sollten. —

General Lorencez traf, von dem zwei Meilen entfernt liegenden Amosoc kommend, am 5. Mai Morgens 9 Uhr vor Puebla ein und ließ bei der Hacienda de Alomos, ½ Meile von der Stadt, seine Kolonne aufmarschiren (weiß A. A.); er ließ Kaffee kochen und gewährte seinen Truppen einige Ruhe.

Nach den erhaltenen Nachrichten war das in Eile befestigte Puebla von 12,000 Mexicanern mit zahlreicher Artillerie besetzt; seine Einwohner sollten Juarez angeblich verwünschen und sich nach dem Augenblicke sehnen, wo die französischen Truppen in den Mauern ihrer Stadt sie gegen die bestehende Regierung schützen würden.

Von einigen, mit Truppen in der Nähe stehenden, Juarez feindlichen mexicanischen Generalen erwartete man täglich, daß sie in das französische Lager übergehen würden, vielleicht schon in den bevorstehenden Angriff der Stadt eingreifen könnten.

Doch alle Nachrichten waren unsicher und spärlich, da der Feind mit Strenge die Einwohner eingeschüchtert hatte.

General Lorencez, in Anbetracht der die Stadt vollständig beherrschenden Lage der Höhen von Guadelupe und Loretto, beschloß, ohne Weiteres diesen Schlüssel und Hauptpunkt der feindlichen Aufstellung direct anzugreifen.

„So lange die Positionen von Guadelupe und San Loretto

im Besitz des Feindes waren, sagt derselbe, konnte ich nicht daran denken, in Puebla die Barrikaden anzugreifen."

Zur Ausführung dieses Angriffs wurde folgendermaßen disponirt:
Eine Kolonne, bestehend aus
2 Bataillonen Zouaven,
der Batterie montée des Kapitain Bernard (6 Geschütze),
4 Geschützen der Marine=Batterie montée, Kapitain Mallet,
in Reserve das Marine=Infanterie=Regiment (2 Bataillone),
im Ganzen also nach Abzug der Kranken ꝛc.
1600 Mann mit 10 Geschützen und eine Reserve von 1000 Mann, greifen die Höhe von Guadelupe in der Front, also von Nord=Ost, an.

Gegen die bei Loretto im Norden sich zeigende Kavallerie deckt das Bataillon der Marine=Füsiliere 500 Mann, mit der Berg=Batterie, 4 Geschütze, jener Angriffs=Kolonne den Rücken.

Das Jäger=Bataillon, 600 Mann stark, verfolgt die Straße von Vera=Cruz auf Puebla und wendet sich gegen den in dieser Richtung sich zeigenden Feind.

Zur Deckung des zurückbleibenden aufgefahrenen Convois, der über 250 Wagen betrug, wurde das 99ste Regiment,
2 Bataillone, etwa 1000 Mann, und 4 Kompagnieen des Marine= Infanterie=Regiments 300 Mann,
also zusammen 1300 Mann unter dem Befehl des Oberst L'Heriller bestimmt.

Die wenige disponible Kavallerie, 1 Escadron Chasseurs d'Afrique mit 150 Pferden, erhielt den Auftrag, sich zwischen dem Convoi und der Hauptangriffs=Kolonne zu halten, um für alle Vorkommenheiten be= reit zu sein.

Wenn wir den mexicanischen Berichten glauben dürfen, so treten also 4500 Mann Infanterie, 150 Pferde mit nur 14 Geschützen in 3 Batterieen
gegen 4300 Mann Infanterie, 550 Pferde, 5 Feldbatterieen, in einer starken mit schwerer Artillerie außerdem versehenen Position, auf.

Die Aufgabe war schwierig und ohne Mitwirkung der irrthümlich vorausgesetzten, den Mexicanern feindlichen Momente, wohl kaum zu lösen.

Mittags 11 Uhr begannen vom französischen Bivouac aus die an= geordneten Bewegungen.

Die beiden in Divisions=Kolonne mit ganzen Distanzen formirten Zouaven=Bataillone nahmen die 10 bespannten Geschütze zwischen sich und setzten sich mittelst einer starken Halbrechts=Ziehung zu dem ihnen befohlenen Angriff gegen die Höhe von Guadelupe in Bewegung.

Von dieser herab fielen die ersten Schüsse.

In Entfernung von 2200 Meter — 3500 Schritt — protzte die

französische Artillerie, die näher nicht herankommen konnte, ab, und fing an, das Feuer lebhaft zu erwidern. Die Bataillone deployiren.

Nach ¾stündigem Geschützfeuer ließ General Lorencez die im Feuer befindlichen Geschütze etwas mehr rechts eine neue Stellung einnehmen, von der er hoffte, etwas näher und wirksamer einen Sturm der Höhe von Guadelupe vorzubereiten, zu welchem er sich jetzt entschloß, da die mit zahlreichen Tirailleurschwärmen bis halb auf die Höhe gelangten Zouaven gegen das feindliche Feuer und die Schwierigkeiten des Terrains nicht weiter vordringen konnten.

Zu dem Ende erhielten 4 Kompagnieen Jäger den Befehl, sich in der linken Flanke der Zouaven dem allgemeinen Angriff gegen die am Fuße von Guadelupe liegende Vorstadt anzuschließen, um so die Vertheidigung des Feindes nach seiner Flanke hin zu theilen; dem rechten Flügel der Zouaven, dem 1sten Bataillon, wurde das Marine-Infanterie-Regiment, das Marine-Füsilier-Bataillon und die Berg-Batterie zur Unterstützung gesandt, während 1 Bataillon des 99sten Linien-Regiments die Rückendeckung dieser großen Angriffs-Kolonne übernahm. Beiden Kolonnen wurden Genie-Sectionen beigegeben, die mit Stufen benagelte Bretter und Pulversäcke bei sich führten. Da die französische Artillerie trotz vieler Anstrengungen eine nähere Aufstellung nicht finden konnte, so ertheilte General Lorencez, nachdem die neuen Angriffs-Kolonnen sich geordnet, zuvor auch das Gepäck am Fuße der Höhe abgelegt war das Zeichen zum Sturm.

Zouaven und Jäger stürzten sich vorwärts: „Sie leisteten, was französische Truppen zu leisten im Stande sind", sagt Graf Lorencez. Unter dem heftigsten feindlichen Feuer gelangten sie bis in die Gräben der Befestigungen; einige erklommen die Mauern, wo sie, mit Ausnahme eines Hornisten von den Jägern, der sich, zum Angriff blasend, einige Zeit hielt, ihren Tod fanden.

Die rechte, große Angriffs-Kolonne war in das Feuer von San Loretto gerathen; die Stärke der ganzen Position war offenbar unterschätzt. Die Bataillone mußten in den Gräben und hinter Terrainfalten Schutz vor einem äußerst heftigen feindlichen Feuer suchen; den die Vorstadt südlich von Guadelupe stürmenden Jäger-Kompagnieen hatte Zaragoza rechtzeitig das in der Reserve zurückgebliebene Sapeur-Bataillon der Brigade Berriozabal entgegengeworfen, welches mit Tapferkeit den Eintritt verwehrte; die mexicanischen Karabiniers machten rechtzeitig gegen das den Rücken deckende Bataillon des 99sten Regimentes eine Attaque und brachten dasselbe zum Stehen.

Der Sturm war abgeschlagen.

General Lorencez entschließt sich zwar zu einem erneuten Anlauf und ertheilt an zwei Zouaven-Kompagnieen, die er als Reserve unmittelbar bei sich behalten hat, den Befehl, zur Unterstützung vorzugehen;

in diesem Augenblicke stürzt indeß ein den Horizont verfinsterndes furchtbares Unwetter vom Himmel und macht die steilen Abhänge der Höhen so glatt und schlüpfrig, daß an ein erneutes Erklimmen derselben nun gar nicht mehr zu denken war.

Jetzt, 4½ Uhr Nachmittags, muß deshalb der Befehl zum Rückzuge ertheilt werden.

Die engagirten Bataillone stiegen, durch das Terrain sich nach Möglichkeit deckend, die Abhänge wieder herab, mußten indeß am Fuße derselben ihr Gepäck noch wieder aufnehmen, was unter dem feindlichen Feuer nicht ohne Verluste geschah. Die Franzosen hatten nun noch die schwierige Arbeit auszuführen, aus dem Gehöft Rementeria ihre Verwundeten zurückbringen zu lassen, die man während des Gefechtes dort untergebracht hatte.

Um das feindliche Feuer nicht dahin zu lenken, geschah dies in mehreren kleinen Abtheilungen.

Während der Kampf um die befestigte Höhe von Guadelupe am heftigsten entbrannt war, ging aus der Stadt der General Diaz mit 2 Bataillonen seiner Brigade, 1 Bataillon der Brigade Lamadrid, 2 Feldgeschützen und dem Rest der Kavallerie-Brigade Alvarez, etwa 300 Pferde, angriffsweise gegen das auf der Straße von Vera-Cruz vorgeschickte Jäger-Bataillon vor, dem 4 Kompagnieen, wie wir gesehen haben, zur Unterstützung des Hauptangriffs entzogen waren. Die mexicanische Kavallerie stürzte sich en débandade auf die beiden zurückgebliebenen Kompagnieen, die indeß mit größter Kaltblütigkeit ihre wiederholten Angriffe abwiesen, ohne sich von der stärkeren feindlichen Infanterie in ein nachtheiliges Gefecht verwickeln zu lassen.

Ueber die Thätigkeit der französischen Chasseur-Escadron erfahren wir gar nichts; sie scheint bei der Person des Oberbefehlshabers festgehalten zu sein.

Der französische Rückzug ging auf die Hacienda de San-José.

Die Mexicaner störten diesen Rückzug nicht, sondern begnügten sich, ihn zu beobachten.

General Zaragoza sagt in seinem Bericht, daß er an einer Verfolgung durch die numerisch bei weitem größere Stärke der Franzosen behindert gewesen sei; doch haben wir bereits gesehen, daß diese Annahme durchaus unbegründet war.

Abends 8 Uhr hatten die Franzosen bei San José ihre Vereinigung bewirkt, bezogen daselbst ein Lager und begannen sofort, dasselbe so viel als thunlich vertheidigungsfähig zu machen; die Gebäude der Hacienda wurden zu dem Ende mit Schießscharten versehen.

So endete der 5. Mai und brachte dem General Lorencez mit seinem kleinen Corps in der That in eine sehr schwierige Lage.

Die Frage liegt nahe, ob es in der Hand des französischen Ober-befehlshabers gelegen hätte, durch seine Maßnahmen den Tag glücklicher für sich zu gestalten, denn seine Truppen hatten in Tapferkeit und Ausdauer das Möglichste geleistet.

Es ist schwierig und gewagt, lediglich nach dem Plane ein Urtheil über den Angriff der Stadt abzugeben. Das Auge hat an Ort und Stelle einen ganz anderen Anhalt für den Entschluß, doch läßt sich die Betrachtung nicht zurückhalten, daß die Südost=Ecke der Stadt offen der Ebene sich anschließt, auf welcher die innehabende Straße von Vera=Cruz einmündet. Hier stieß man zunächst auf circa 3000 Mann Infanterie, 1 Batterie und 500 Mann Kavallerie, die, möglicher Weise hinter Barrikaden, die Vertheidigung annahmen. Sobald die Mexicaner die ernstliche Absicht, den Angriff hierhin zu richten, gesehen, würde der größte Theil der Brigade Negrette mit den 4 Feldbatterieen wohl von Guadelupe zurückgezogen sein; die Positions=Geschütze dieses Forts, das ohnehin nur mit seiner rechten Flanke eingreifen konnte, dürften bei einer Entfernung der Straße von Vera=Cruz von über 1500 Schritt indeß einen sehr wesentlichen Einfluß auf den Kampf nicht haben ausüben können, der von beiden Seiten hier mit vereinten Kräften und für die Franzosen, selbst gegen Barrikaden, doch nicht mit so viel Schwierigkeiten verbunden war, wie der Angriff der Höhen.

Zog General Zaragoza die Brigade Negrette nicht schleunigst heran, so war er entschieden in der Minderzahl und gefährdete die Stadt aufs Aeußerste. Ging er, geworfen, auf die Höhen zurück, so entfernte er sich damit ganz von seiner Rückzugslinie.

In jedem Falle reichte General Lorencez aber auf diesem Wege den Einwohnern der Stadt am leichtesten die Hand, auf deren Mitwirkung ja das Gelingen des ganzen Unternehmens von Hause aus berechnet war.

Daß mit der Eroberung der Höhen über den Besitz der Stadt mit entschieden war, ist nicht zu bestreiten; doch konnte es sich bei der vermutheten Stimmung der Einwohner sehr leicht ereignen, daß der Werth dieser Höhen verschwand, wenn man, in die Stadt eingedrungen, der günstig gestimmten Partei ihr Auftreten ermöglicht hätte, die bei der gewählten Angriffsrichtung, wenn sie auch vorhanden, doch in Schach gehalten wurde.

Dieses Moment möchte es daher gerechtfertigt haben, von dem aus rein militairischem Gesichtspunkt gewiß richtigen Entschluß, die Höhen zunächst anzugreifen, abzugehen.

Uebeler konnte die Lage für das französische Corps keinenfalls werden, wenn die Südostseite der Stadt anstatt der Höhen als Haupt=Angriffspunkt gewählt wurde, wobei man, wie gezeigt, wichtige, die fast einzigen Chancen zum Gelingen des Angriffs für sich hatte. —

Auf Seite der Mexicaner war man erklärlich auf den errungenen Sieg im höchsten Grade stolz.

Die Maßnahmen des Generals Zaragoza, wie wir sie kennen gelernt haben, müssen als zweckmäßig anerkannt werden. Hatte er wirklich noch außerdem eine feindliche Einwohnerschaft niederzuhalten, wie in Entfernung von einigen Meilen rückwärts aufständische Generale gleichzeitig von ihm zu bekämpfen waren, so spricht dies doppelt für die Richtigkeit seines Verhaltens.

In ihrem Siegesrausche hatten die mexicanischen Soldaten den getödteten und gefangenen Franzosen ihre Krim= und Solferino=Medaillen von der Brust gerissen, um sich selbst damit zu schmücken; die Regierung billigte indeß diese unwürdige Handlungsweise nicht, sondern suchte gegen Prämien diese Ehrenzeichen wieder zu sammeln, um, nach ihrer Angabe, eine „Ehrentafel" daraus fertigen zu lassen.

Den General Zaragoza belohnte später ein von den Bewohnern des Landes ihm überreichter Ehrensäbel mit der stolzen Inschrift: „Au vainqueur des vainqueurs de Solferino et de Magenta."

Die Verluste des Kampfes betrugen auf französischer Seite
  tobt: 15 Offiziere 162 Unteroffiziere und Soldaten,
  blessirt: 20 = 285 = = =
  gefangen: 1 = 7 = 17 Gemeine.
30 Verwundete hatten müssen auf dem Kampfplatz zurückgelassen werden, wo auch noch viel des abgelegten Gepäcks den Mexicanern in die Hände fiel.

Die Mexicaner hatten
  Todte: 9 Offiziere 83 Unteroffiziere und Gemeine,
  Blessirte: 20 = 123 = = =
der bei weitem größere Verlust der Franzosen erklärt sich leicht aus ihrer nachtheiligen Gefechtslage. —

Im französischen Lager bei San José führte man die Chefs der conservativen Partei, Almonte, Miranda ec. bei sich. Angesichts der augenblicklichen Lage mag die Stimmung gegen diese Herren nicht die beste gewesen sein, und sie setzten deshalb noch jetzt all' ihren Einfluß in Bewegung, die feindlichen Generale zum Abfall, die freundlich gesinnten zum thätigeren Vorgehen zu bestimmen.

Noch am Abend des 5. richteten sie in diesem Sinne Briefe an den General Negrette in Puebla und an die Generale Cabas und Marquez in Atlixco und Matamoros; die für letztere bestimmten Schreiben wurden von den Mexicanern aufgefangen; General Negrette veröffentlichte mit schnöder Abweisung später die an ihn gerichteten.

So ohne Antwort, mußte man zunächst den im ersten Augenblick gefaßten Entschluß, noch in der Nacht zum 6. den Sturm zu wiederholen, aufgeben.

Ebenso vergeblich wartete man, von den nach Puebla zurückgegangenen

Mexicanern ganz unbelästigt, noch den ganzen 6. und 7. Mai im Bivouac von San José auf den General Marquez, auf dessen Eintreffen und Uebergehen auf die französische Seite man stündlich hoffte.

Als aber am Vormittag des 8. Mai immer noch nichts Bestimmtes über diesen General zu vernehmen war, trat General Lorencez von Mittags 2 Uhr ab, zunächst mit seinem Convoi, den Rückzug auf das 1½ Meile rückwärts gelegene Amosoc an.

Die letzten Franzosen verließen Abends 6 Uhr die Position bei San José; der Feind ließ sich nicht sehen.

Zaragoza fürchtete nach seiner Angabe die präsumirte französische Uebermacht an Zahl*), mehr wohl die französische Tapferkeit und Taktik im freien Felde; denn die am 6. Mai von ihrer Expedition nach Puebla zurückgekehrten Brigaden O'Horan und Carbajal brachten sogar ihn in bedeutenden numerischen Vortheil; er machte keinen Gebrauch hiervon. Man ruhete in Puebla auf seinen Lorbeeren und verkündete in stolzen Berichten der erstaunten Hauptstadt das Vorgefallene.

Von Amosoc aus hätte General Lorencez, wenn die erwarteten Verstärkungen ihm hier noch wurden, die Offensive von Neuem ergreifen können, da er mit Lebensmitteln ausreichend versehen war. Deshalb blieb er auch hier wieder 2 Tage, am 9. und 10. Mai; doch abermals vergeblich.

Weder Feind noch Freund ließen sich sehen, und es bedurfte nunmehr eines Entschlusses, was ferner geschehen solle.

Die Lage der Dinge war übel. Auf dem, wenn auch gesunden, jedoch gar keine Deckung bietenden Plateau von Anahuac konnte man nicht dauernd bleiben.

Der Feind würde die Zufuhr abgeschnitten haben, und das Corps dadurch dem sicheren Untergange Preis gegeben gewesen sein. Man sah voraus, daß man aus Vera-Cruz würde leben müssen, und doch durfte man nur so viel dieser Lebensquelle sich nähern, als das verheerende Klima der Niederung dies gestattete, wollte man dem letzteren nicht verfallen.

Mit Ende des Monats Mai hörte erfahrungsmäßig die gute Witterung auf, und die alle Wege zerstörende Regenzeit der Monate Juni, Juli und August stand vor der Thür; vor drei bis vier Monaten konnte aus Frankreich unmöglich Unterstützung erwartet werden; seit Ende April war man von Vera-Cruz überhaupt ohne alle Nachricht, da durch Guerillabanden die Verbindung unterbrochen wurde.

Man sieht, daß der übelen Momente genug vorlagen, und daß es der ganzen Energie des Führers, wie der Geführten bedurft haben wird,

---

*) Man kann hieraus beurtheilen, was es mit der angeblich vor dem Angriff der Franzosen auf Puebla beabsichtigten Offensive für eine Bewandtniß gehabt hat.

um glücklich und mit Ehren sich einer Lage zu entziehen, wie sie schwieriger und gefahrdrohender kaum gedacht werden kann.

Einstweilen beschloß Graf Lorencez, seinen Rückzug ununterbrochen nach Orizaba fortzusetzen, welchen Punkt er für die Sicherung der Existenz seines Corps am geeignetsten hielt. —

Als im Laufe des 10. Mai im französischen Lager bei Amofoc noch der mexicanische General Lopez mit 10 Reitern und der Nachricht eintraf, daß der für durchaus französisch gesinnt gehaltene General Zuluaga am Tage des Kampfes vor Puebla mit Juarez einen Vertrag abgeschlossen habe, wonach er sich verpflichtete, dem General Marquez bei jedem Uebergangsversuche entgegenzutreten, womit denn auch denen die Augen geöffnet werden mußten, die sich mit den größesten Illusionen trugen, war mit der Ausführung des Rückzuges auf Orizaba nicht länger zu zögern; der Aufbruch wurde auf den folgenden Tag festgesetzt.

Unbehindert vom Feinde, der zahlreiche Kavallerie nur in großer Entfernung sehen ließ, ging der Marsch

am 11. Mai bis Acazingo, 3 Meilen,
= 12. = = Quecholac, 1¼ =
= 13. = = St. Augustin, 1 =
= 14. = = Palmar, 1¼ =

Der letztere Ort sollte nach den erhaltenen Mittheilungen verbarricadirt und vertheidigt sein. Die Kavallerie der französischen Avantgarde umging rechts und links den Ort, in welchem, wie sich zeigte, nur Kavallerie war, und nahm dabei 22 Kavalleristen gefangen.

Am 15. Mai ging der Marsch bis Canada de Istapan, 1½ Meile.

Hier erfuhr der General Lorencez, daß der am andern Tage zu paffirende Paß der Cumbres mit 40 vertheidigten Barrikaden und Hindernissen aller Art gesperrt sei.

Mit den gehörigen Vorsichtsmaßregeln wurde anderen Tages am 16. Mai der Marsch gegen den Paß angetreten.

Die erhaltenen Nachrichten bewahrheiteten sich nur zum Theil.

Barrikaden, herabgestürzte Baumstämme, Coupüren auf und in der Landstraße bildeten in der That einige 40 solcher Hindernisse, aber — die Vertheidiger fehlten. Der Kolonne wurde durch Aufräumung dieser Hindernisse also wohl eine bedeutende Arbeit verursacht, immerhin aber konnten Convoi und Kolonne noch selbigen Abends vereinigt in Aculzingo eintreffen.

Am 17. Mai wurde der Marsch nur ½ Meile auf der Straße nach Ingenio bis Tecamalucan fortgesetzt. Nachdem das Lager bezogen, meldete sich bei den Vorposten ein mexicanischer Offizier vom Corps des Generals Marquez. Zum General Lorencez gebracht, machte er diesem die Mittheilung, daß der General Marquez mit seiner Kavallerie, etwa 2500 Pferden, in der Richtung von Tehuacan (4 Meilen südlich Acultzingo) auf den schwierigsten Gebirgspfaden in der Absicht sich mit dem französischen Corps zu vereinigen, unterweges sei, und der General mit der Avantgarde bald eintreffen müsse.

Der mit einem französischen Generalstabsoffizier zu den Vorposten zurückgeschickte mexicanische Offizier kam alsbald mit dem General Marquez selbst nach Tecamalucan zurück, und erfuhr man nun mit Bestimmtheit, daß die Truppen des Generals Marquez, die von Matamoros, 9 Meilen südlich von Puebla kamen, anderen Tages das französische Corps zu erreichen hofften.

Marquez begab sich für seine Person nach Orizaba, um mit dem General Almonte Rücksprache zu nehmen, trat indeß schon anderen Morgens, den 18. Mai, den Rückweg zu seinen Truppen an, die Abends vorher um 5 Uhr bei Rancho del Potrero am Fuße des Gebirges, von dem sie mit unsäglichen Schwierigkeiten auf abgelegenen, neben dem Cumbres=Paß herlaufenden Fußpfaden herabstiegen, angekommen waren.

Unterwegs begegnete Marquez der nach Orizaba im Marsch befindlichen französischen Kolonne und traf Morgens 10 Uhr in Ingenio den General Lorencez, der beschäftigt war, über zweckmäßige Verwendung der in diesem Orte zurückgelassenen Besatzung — das 99ste Regiment und 2 Berggeschütze, — mit dem Führer derselben, dem Obrist L'Heriller, Rücksprache zu nehmen, während der Rest der Kolonne weiter nach Orizaba seinen Marsch fortgesetzt hatte..

Marquez theilte dem General Lorencez die zwar unverbürgte, aber sehr wahrscheinliche Nachricht mit, daß Zaragoza heute mit seinen Truppen die Cumbres herabsteigen werde, um seine, des Marquez, Truppen an der Vereinigung mit der französischen Kolonne zu verhindern.

Mit dem Versprechen, daß Obrist L'Heriller ihn auf erfolgte genauere Meldung mit 1 Bataillon event. unterstützen sollte, setzte Marquez den Weg zu seinen Truppen fort.

Er fand sie Mittags 12 Uhr bei Barranca Seca, demjenigen Punkte, wo jene Seitenpfade in die große Straße von Puebla einfielen, bis wohin sie inzwischen von Potrero aus ihren Marsch fortgesetzt hatten.

General Zaragoza hielt hier mit 1000 Pferden die Tete derselben fest und hinderte sie am Debouchiren.

So, sagt General Marquez in seinem Bericht, verlief der größte Theil des Tages, indem man sich einander gegenüberstand, ohne daß kaum einige Flanteure sich gegenseitig näherten.

General Marquez hatte gegen 3000 Pferde und 1000 Infanteristen bei sich. Beide Waffen waren indeß auf das äußerste erschöpft; zumal die Infanterie in einem so heruntergekommenen Zustande, daß auf ihre Mitwirkung im Gefecht gar nicht zu rechnen war.

Abends gegen 5 Uhr ließ auf Seite des Generals Zaragoza sich einige Bewegung verspüren. Verstärkungen — Infanterie und Kavallerie, waren herangezogen, die man bis dahin etwas rückwärts versteckt gehalten hatte.

General Lorencez war bis Mittag 1 Uhr in Ingenio geblieben, hatte aber dann, als mehrere versprengte Kavalleristen des Generals Marquez angekommen waren, vom Feinde aber nichts gesehen haben wollten, auch für seine Person sich nach Orizaba begeben.

Bald darauf gegen 2 Uhr war vom General Marquez beim Oberst L'Heriller in Ingenio die Meldung eingetroffen, daß Zaragoza mit seinen Truppen zur Stelle sei und ihn an der Fortsetzung des Marsches hindere.

Oberst L'Heriller setzte sofort das 2te Bataillon 99sten Regiments unter dem Kommandanten Lefebvre behufs Unterstützung in Marsch.

Es traf äußerst glücklich um 5 Uhr bei Barranca Seca ein, als eben der, wie wir sahen, verstärkte Feind über Marquez herfiel, um ihn zu vernichten.

Das Bataillon konnte bei seinem Erscheinen sofort in das wilde Durcheinander der heftig mit einander kämpfenden Mexicaner eingreifen und that dies mit eben so viel Muth als Geschicklichkeit.

Das 500 Mann starke Bataillon wurde in 2 Kolonnen getheilt, von denen die eine kompagnieweise direct in den Kampf eingriff, während die andere unter dem Bataillons-Kommandeur die Höhe über den Schneidepunkt beider Straßen erklomm und von hier aus auf die Truppen des Generals Zaragoza ein so wirksames Feuer eröffnete, daß dieselben zurückwichen, und Marquez' Kavallerie diesen Moment benutzte, im Galopp zu den im Thale gebliebenen französischen Kompagnieen überzugehen.

Das französische Bataillon setzte nun vereinigt mit Marquez' Kavallerie seine Angriffe fort, verfolgte den fliehenden Feind, der mit einem in einiger Entfernung bereit gehaltenen Ueberfall auch keine ihm günstige Wendung herbeiführen konnte.

Zaragoza's Truppen geriethen in vollständige Auflösung; seine Verluste werden nach französischen Quellen auf:

      800 gefangene Infanteristen,
      400   =   Kavalleristen,
      100 bis 150 Todte,
      250 Verwundete

angegeben, während das Bataillon des 99sten Regiments, welches den Mexicanern eine Fahne abgenommen hatte, nur 2 Todte und 26 Verwundete hatte.

Die Verluste Marquez' sind unbekannt geblieben.

Zaragoza mußte die Cumbres ganz verlassen; erst 7 Meilen vom Kampfplatze konnte er die Reste seiner Truppen wieder sammeln.

General Lorencez erhielt von dem bei Barranca Seca stattgehabten

Gefechte erst Abends 10 Uhr in Orizaba durch den beim Gefecht gegenwärtig gewesenen mexicanischen General Taboada eine Meldung, die kurz darauf durch eine solche des Obersten L'Heriller bestätigt wurde.

Er war indeß über den Ausgang des Gefechtes und bei dem Gedanken an einen anderen Tages event. zu erwartenden Angriff nicht ausreichend beruhigt, sondern setzte sich anderen Morgens 2 Uhr am 19. Mai mit dem größten Theile der in Orizaba bei sich habenden Truppen wieder in Marsch zurück auf der Straße nach Aculzingo. Hinter Ingenio passirte man zunächst das Lager Marquez' und begegnete etwas später dem Bataillon des 99sten Regiments, welches sich gleichfalls auf den Rückmarsch begeben hatte, nachdem über die Flucht und vollständige Auflösung des Feindes kein Zweifel mehr übrig blieb.

Alles kehrte nach Ingenio und Orizaba zurück.

Wie wir bereits sahen, waren zur Besetzung Ingenio's die beiden Bataillone des 99sten Regiments mit 2 Berghaubitzen, etwa 1500 Mann, bestimmt, während der gesammte Rest der Kolonne, circa 4500 Mann aller Waffen, in Orizaba (die Mexicaner in der nächsten Umgebung) ihr Unterkommen finden sollten.

Zu jener Detachirung nach Ingenio bewog den General Lorencez einmal die Lage des Ortes, der an einer äußerst schmalen Verengung des nach Orizaba führenden Thales gelegen, dieses letztere so zu sagen verschloß und somit zur Aufstellung des Gros der Vorposten sehr geeignet war; außerdem wurde hierdurch aber auch eine Ueberfüllung von Orizaba mit Truppen vermieden.

Das siegreiche Gefecht von Barranca Seca war insofern für das französische Corps von großem Werthe, als es dadurch den Feind sich auf die nächste Zeit vom Halse geschafft hatte, eine Zeit, in der es so sehr darauf ankam, den eigenen Truppen einige Erholung gewähren und seine Position in Orizaba dauerhaft einrichten zu können. Alles dies konnte nun doch mit einiger Muße begonnen werden.

Der durch General Marquez gewordene Zuwachs bestand zwar aus circa 2500 Kavalleristen und 1000 Infanteristen mit 6 Berghaubitzen; die Qualität dieser Truppen war aber eine so geringe, daß vorläufig nicht nur wenig Unterstützung, sondern durch die ihnen zu gewährende Verpflegung, Besoldung, zum Theil auch Bekleidung, eine erhebliche Belastung erwuchs. Von der Kavallerie, an welcher Waffe es so sehr fehlte, zog man indeß, wie wir später sehen werden, doch einigen Vortheil.

In Orizaba wollte General Lorencez also sich einen dauernden Aufenthaltsort schaffen, welcher ihm die Möglichkeit gewährte, während 3—4 Monate (vor Ablauf welcher Zeit auf Ankunft wesentlicher Verstärkung nicht zu rechnen war) sein Corps zu erhalten und der späteren

Wiederaufnahme der Oparationen einen möglichst günstigen Ausgangs=
punkt zu bieten.

Als ein regelrechter Ersatz der Truppen des Generals Lorencez
und zu seiner persönlichen Unterstützung war bereits am 22. März der
General Douay mit 300 Mann auf der „Seine" von Frankreich nach
Vera=Cruz abgesandt. Nach mehrfachem Aufenthalt unterweges traf er
hier erst am 15. Mai ein, zu einer Zeit, wo seit Ende April mit der
Armee alle Verbindung unterbrochen und General Lorencez in Canada
de Jstapan auf dem Rückmarsch nach Orizaba war.

So sehr General Douay sich bemüht haben wird, die Verbindung
zum General Lorencez aufzusuchen, dessen kritische Lage nach dem
Gefecht von Puebla in Vera=Cruz nicht unbekannt sein konnte, so muß=
ten mehrere Versuche aufgegeben werden, weil starke Guerillabanden ein
Vorgehen mit den schwachen Kräften unausführbar machten.

Erst ein am 2. Juni erneut versuchter Vormarsch gelang durch die
Einwirkung der am 23. Mai von Orizaba nach Vera=Cruz zur Wieder=
eröffnung der Straße in Bewegung gesetzten ersten Kolonne, so daß
General Douay am 10. Juni beim General Lorencez in Orizaba
eintreffen konnte.

Ueber den nun folgenden, für die ganze Expedition so wichtigen
Zeitraum bis zum späteren eintreffen des Generals Forey mit weiteren
22,000 Mann hat das französische Kriegsministerium in einem völlig
unparteiischen Berichte die Lage und entwickelte Thätigkeit zusammenge=
faßt, und wir werden nicht besser thun können, als diesem in der ferneren
Darstellung zu folgen.

Zuvor werfen wir aber einen Blick auf die Stadt Orizaba selbst
und ihre nächste Umgebung.

Einer der militairischen Bewohner jener Zeit entwirft uns folgen=
des Bild:

Orizaba kann man eine schöne Stadt nennen. Eine große Anzahl
alter Kirchen giebt ihr einen originellen Anstrich; die Stadt ist länglich
gebaut; die einzige große Straße ist die von Mexico, in welche von
rechts und links eine Menge kleinerer Straßen senkrecht einmünden.

Die Kaufleute bewohnen niedrige Häuser. Die reichen und ange=
sehenen Bürger haben geräumige und wohlaussehende Wohnungen, zwar
einstöckig, aber genug herausgehoben, um aus den Fenstern und von den
Terrassen derselben sich des schönen Anblicks der umliegenden Landschaft
erfreuen zu können.

Diejenigen dieser Häuser, die sich, groß oder klein, einer bequemen
Einrichtung erfreuen, zeigen eine merkliche Aehnlichkeit mit den maurischen
Wohnungen, das heißt, sie haben einen inneren, nach oben offenen Hof,
einen durch einen Springbrunnen erfrischten Garten, ringsherum eine

ober zwei Gallerieen, nach welchen hinaus die Fenster der Zimmer gelegen sind.

In den so eingerichteten Wohnungen herrscht eine vortreffliche Temperatur. Am Tage blendet der Himmel; er ist ganz Sonne. Man bringt seine Zeit mit Gähnen und Ruhen hin. Die Nächte sind köstlich. Die wiedererwachten Sinne erfreuen sich an der Erfrischung und der Stille. Die Atmosphäre ist von einer merkwürdigen Durchsichtigkeit, so daß der Mond nicht wie eine am Himmel fixirte Scheibe, sondern wie frei im Raume sich bewegend erscheint.

Eine Kette hoher und stolzer Gebirge umgiebt Orizaba. Weil diese nun nicht umgangen werden können, so versperrt die zu beiden Seiten der Straße nach Mexico gelegene Stadt die erstere wörtlich.

Die beiden Enden der Stadt bieten einen sehr verschiedenen Anblick dar.

Auf der Seite nach Cordova befindet man sich vor einer großen, üppig grünen Ebene, die sich bis zum sogenannten „Gitter von Orizaba" fortsetzt, wo die Berge wieder eng zusammenstoßen. Auf der Seite nach Mexico hin ist es gerade entgegengesetzt.

Unmittelbar vor dem Thore der Stadt verengen sich die Berge und lassen nur eben der Straße den nöthigen Raum sich hindurch zu winden.

Noch vor Beginn der Einengung am Ausgange von Orizaba erheben sich an den Ecken einer über einen kleinen Bach führenden Brücke vier riesige, wenigstens aus den Zeiten des Montezuma stammende Bäume.

Das Gebirge ist hoch. Am meisten überraschen hier die von europäischen so ganz verschiedenen Gebirgsformen. Diese gleichen sich nicht mehr, als eine gothische Kirche einem griechischen Tempel gleichen würde. Sie gehören so zu sagen einem anderen Baustyl an und sind nach anderen und ungewöhnlichen Gesetzen und Formen geschnitten. Sie bilden einen Absatz, wo man eine Krümmung vermuthen sollte; sie bauschen sich in die Höhe, wo man erwartet, daß sie sich aushöhlen würden; sie verschwinden, wo man glaubt, daß sie sich erheben werden.

In der Art construirt, sind sie nichtsdestoweniger schön, ohne daß man sagen könnte warum, und man kann nicht ablassen, sie zu betrachten.

Nach diesem Blick in die Umgegend kehren wir in die Stadt zurück; aber mit Vorsicht, denn diese Warnung ist nicht überflüssig. Das Steinpflaster ist scharf und spitzig, sodaß man sich nur mit Anstrengung im Gleichgewicht halten kann; das Trottoir zum Verzweifeln schmal. Man muß einen so kleinen Fuß, wie die mexicanischen Damen, haben, um sich darauf erhalten zu können. Was übrigens die Damen anbetrifft, so sind, wie auch anderswo, die häßlichen in der Majorität und die hübschen zu zählen.

Die Männer sind hier nicht mehr schön als anderswo; sie gleichen den Europäern zu sehr, als daß davon noch etwas zu sagen wäre.

Beide Geschlechter haben eine merkwürdige Vorliebe für die rothe Farbe. Sie glauben niemals zu viel Roth an sich zu haben, und in Anbetracht dieser nationalen Manie ist man nicht mehr überrascht, in der Geschichte zu lesen, daß das schönste Geschenk, welches Montezuma an Ferdinand Cortez glaubte machen zu können, in einem aus gekochten Krebsen gebildeten Halsschmuck bestanden haben soll.

Inmitten von allen diesen bleichen Gesichtern unserer Bekanntschaft ist der Indier merkwürdig anzusehen. Er ist für uns ein wirklich neues Schauspiel. Dieser arme Teufel ist mit einem mitunter durch einen Gürtel zusammengefaßten Hemde bekleidet, dessen Aermel schon auf der Hälfte des Armes ein Ende haben, und das oft kaum die Hälfte des Beines bedeckt; so geht er zu aller Jahreszeit. Den Körper vornübergebogen, wie ein Lastthier beladen, die Last mit einem Gurt vor der Stirn oder vor der Brust zurückgehalten, sieht man ihn trabend, ohne anzuhalten, ohne zu straucheln, seinem schmalen Wege folgen. Wenig herausfordernd, verlangt er Nichts als Ruhe; doch das ist der Artikel, der hier zu Lande am schwierigsten zu haben ist. —

Der erwähnte, mit dem 19. Mai beginnende französische Bericht lautet nun über die Vorgänge zunächst bis zum 12. Juni folgendermaßen:

„Es handelte sich vor Allem darum, die Truppen in Orizaba zu installiren, wo unter der Bewachung einer Section Artillerie und zweier schwachen Kompagnieen Marine=Infanterie, die sich indeß durch eintreffende Rekonvalescenten nach und nach etwas verstärkt hatten, ein Lazareth mit 400 Kranken zurückgelassen war. Die Armee traf hier also halbweges zwischen Puebla und Vera=Cruz einen kleinen Depotplatz mit einer Garnison, und in einem guten Reduit wohl eingerichtete Etablissements, die in ihrer Abwesenheit noch vervollkommnet, und wo weislich einige Reserven an Lebensmitteln, Munition und Lagergeräth zurückbehalten waren. Die Verwundeten und Kranken waren sicher, hier Ruhe und Pflege zu finden.

Die gesunde Lage von Orizaba, mit angenehmer Temperatur, die dort zur Unterbringung vorhandenen, den Menschen wie Thieren während der Regenzeit unentbehrlichen Räumlichkeiten, die Leichtigkeit, mit der man sich hier in einen guten Vertheidigungszustand setzen und den vorhandenen Militair=Etablissements eine größere Ausdehnung geben konnte, Alles dies bildete für die Erhaltung des Expeditions=Corps, dem die Instructionen des Kriegs=Ministers von Hause aus die größte militairische und politische Wichtigkeit zugewiesen hatten, ein Zusammentreffen günstiger Umstände.

Es lag auf der Hand, daß man dasselbe um jeden Preis erhalten mußte, sowohl wegen des moralischen Effects, der aus unserer Fußfassung in diesem Orte hervorgehen mußte, als auch um den erwarteten Verstärkungen den Vortheil vorhandener Magazine und Lazarethe zu sichern, endlich aber um es zu ermöglichen, nach der Ausschiffung die terres chaudes sogleich verlassen und in einer Gegend sich sammeln zu können, die durch ihre Höhe und Lage sich den Einwirkungen des gelben Fiebers vollständig entzieht.

Das französische Expeditions-Corps war, 6000 Mann aller Waffen stark, am 18. Mai nach Orizaba zurückgekehrt. Um sich von der Seite der Cumbres zu decken, ließ es 2 Bataillone mit einer Bergbatterie in dem Städtchen Ingenio zurück, welches in einer Thalverengung des Rio Blanco und zu beiden Seiten desselben gelegen ist. Alle Truppen und der größte Theil der Pferde und Maulthiere wurden theils in Ingenio, theils in Orizaba unter Dach und Fach gebracht und so den verderblichen Einflüssen der Regenzeit entzogen.

Marquez, ohne Geld und Lebensmittel, verfügte über circa 4000 Mann, theils Infanterie, theils Kavallerie mit 6 Berghaubitzen. Seine Infanteristen waren fast nackt, ohne Fußbekleidung und Ausrüstung, schlecht bewaffnet, kurz, fast ohne alle Kriegsausrüstung; seine Kavallerie befand sich in demselben abgerissenen Zustande und war mit äußerst angegriffenen Pferden beritten.

Man zog es in gründlichste Berathung, auf welche Weise die defensive Kraft der Stellung künstlich zu verstärken sei. Ohne Unterbrechung beschäftigte man sich mit der Organisation des Verwaltungsdienstes, zumal desjenigen in den Lazarethen.

Während man so den dringendsten Bedürfnissen abhalf, hatte das Ober-Kommando sich gleichzeitig mit den zur Wiedereröffnung der Verbindung mit Vera-Cruz erforderlichen Maßregeln zu beschäftigen, von wo der größte Theil der Lebensmittel, ein beträchtlicher Theil von Lager- und Lazareth-Materialien, der Ersatz der in der Campagne verbrauchten Munition, Kleidungsstücke, Wäsche und Schuhwerk etc. zu beziehen war. Die mit Wechseln im Betrage von mehreren Millionen versehene Armee-Kasse war dort im Lande nicht im Stande, auch nur einige hundert Piaster zu realisiren.

Mit einer disponiblen Stärke von 4500—5000 Kombattanten war es unmöglich, durch Etablirung permanenter Posten die 33 Lieues lange Straße von Orizaba nach Vera-Cruz vollständig zu besetzen, ohne sich dem auszusetzen, überall zu schwach zu sein. Die genannte Straße ist zwar eine gebahnte, aber, seit geraumer Zeit nicht unterhalten, immer in schlechtem Zustande: während der Regenzeit wird sie für Wagen unbrauchbar und hat außerdem noch mehrere besonders schwierige Punkte, die in Gegenwart des Feindes passirt werden mußten.

Man entschied sich deshalb dahin, sich auf dieser Straße mit der Occupirung von le Fortin, Cordova, Potrero und Chilnite, welche Orte noch in der gemäßigten Zone gelegen waren, zu begnügen, jedenfalls

aber die zwischen Orizaba und Vera=Cruz zur Herbeischaffung der nö=
thigen Bedürfnisse ununterbrochen in Bewegung zu erhaltenden Convois
durch selbstständige Bedeckungen begleiten zu lassen. Die Besetzung von
Soledad, die man als nicht minder wichtig wohl erkannte, wurde seiner
ungesunden Lage wegen bis zum Eintreffen der nächsten Verstärkung
ausgesetzt.

Nachdem den durch die letzten Märsche, durch Dyssenterie und ty=
phöse Fieber aufs Aeußerste fatiguirten Truppen einige Ruhetage gege=
ben waren, wurde am 25. Mai zuerst eine Colonne, bestehend aus:

2 Bataillonen Marine=Infanterie,
1 = Zouaven,
1 Section Genie der Colonien,
1 Zug Chasseurs d'Afrique,
1 Section Marine=Artillerie,
1 Brigade Gensdarmerie,
1 Section Feld=Lazareth,

im Ganzen 1500 Kombattanten nach Cordova in Bewegung gesetzt, wo
sie am 24. Mai, auf 14 Tage mit Lebensmitteln versehen, eintraf. Bei
Annäherung unserer Truppen gegen diese uns immer feindlich gewesene
Stadt verschwanden fast alle Bewohner derselben. Die Colonne wurde
alsbald wieder nach Chikuite, dem Hauptziele ihrer Bestimmung, in
Marsch gesetzt, da es von der größten Wichtigkeit war, sich des Besitzes
des dortigen bedeutenden und schwierigsten Defile's der ganzen Straße
zu vergewissern.

Das Defile war vom Feinde besetzt, der vertrieben wurde, aber
nicht am vollständigen Verbrennen beider über den Atoyac und den
Chikuite führenden Brücken verhindert werden konnte.

Die sofortige Wiederherstellung dieser Uebergänge wurde von da ab
unerläßlich.

Zur besseren Förderung der hierzu erforderlichen Arbeiten wurde
die schon vorhandene Section des Genie's aus den Kolonien noch durch
eine Section Sappeure verstärkt, die man zu den in Orizaba erfor=
derlichen Installations= und Vertheidigungsarbeiten bisher ungetheilt
dort behalten hatte. Glücklicherweise fand man ganz in der Nähe die
erforderlichen Bauhölzer. Die Bretter und Eisentheile mußte man in=
deß aus Vera=Cruz beziehen und sie auf Administrations=Fahrzeugen
unter Bedeckung eines Theiles der dortigen schon durch die verschie=
densten Dienste in Anspruch genommenen so schwachen Garnison trans=
portiren lassen. Wegen der großen Schwierigkeiten, in den steilen und
felsigen Ufern des Chikuite Rampen herzustellen, mußte man zunächst
alle Arbeitskräfte auf Herstellung einer Brücke über diesen Fluß ver-

wenden, denn ohne eine solche konnten Wagen denselben durchaus nicht passiren. Die Arbeiten behufs Herstellung einer Brücke über den Atoyac, dessen Ufer noch aus Miramons Zeiten her mit für Wagen leicht wieder gangbar zu machenden Rampen versehen waren, erschienen weniger dringlich. Man beschloß daher, diese Brücke erst in zweiter Linie in Angriff zu nehmen; bis dahin construirte man unterhalb der zu erbauenden Brücke auf Pfählen und etwas höher als der gewöhnliche Wasserstand eine Laufbrücke. Alle diese Arbeiten waren in den ersten Tagen des Monat Juni soweit vorgeschritten, daß der mit einem Convoi von Vera-Cruz kommende General Douay das Defile des Chiluite ohne Schwierigkeiten passiren und am 10. Juni die in Orizaba sehnsüchtig erwarteten Lebensmittel dort eintreffen konnten. Die Brücke über den Atoyac wurde erst Mitte Juli fertig; beide Brücken wurden in wünschenswerther Haltbarkeit hergestellt.

Behufs Gestellung der zu diesen Arbeiten nothwendigen Arbeiter, und um den Besitz des Defile's vollständig zu sichern, wurde das 1. Bataillon des 2. Zouaven-Regiments mit seiner Besetzung beauftragt und der Kommandeur des Bataillons, Morand, zum 1. Kommandanten dieses Postens Chiluite ernannt, welcher er sofort mit dauernden Einrichtungen und zwar zunächst mit einem Feldlazareth und mit Magazinen zu versehen begann. Dadurch, daß er seine Truppen in mitunter weit ausgedehnten Recognoscirungen in Athem erhielt, verlieh er diesem Orte eine bis dahin durch Angriffe feindlicher Guerillas oft gestörte Sicherheit.

Sobald die verschiedenen Dienstzweige in Chiluite organisirt waren, führte der Oberst Hennique vom 2. Marine-Infanterie-Regiment den Rest der von ihm kommandirten Kolonne nach Cordova zurück, wo er den Oberbefehl übernahm und wo sofort die zum Aufenthalt und zur Vertheidigung nothwendigen bedeutenden Arbeiten aller Art in Angriff genommen wurden, um der Garnison die nöthige Sicherheit und Bequemlichkeit zu gewähren. Der Posten von Cordova wurde beauftragt, den ihm untergebenen Posten von Chiluite mit dem nöthigen Unterhalte zu versorgen.

Am 26. Mai war das Expeditions-Korps folgendermaßen vertheilt:

In Ingenio: 2 Bataillone und 1 Berg-Batterie,
in Orizaba: das Haupt-Quartier, 3 Bataillone,
    4 Züge Chasseurs d'Afrique,
    10 Geschütze,
    1 Section Genie und
    der größte Theil der Administrations-Truppen,

in Cordova: 2 Bataillone, 2 Geschütze,
1 Zug Chasseurs d'Afrique und
einige Administrationstruppen,
in Chikuite: 1 Bataillon, 2 Sectionen Genie,
einige Train=Mannschaften
mit einigen Maulthieren.

Fortin, halbweges zwischen Orizaba und Cordova, sowie Potrero, zwischen Cordova und Chikuite, waren durch Truppen des Generals Marquez besetzt, der auch in Ingenio und in Chikuite einige Kavalleristen detachirt hatte. Den größten Theil seiner Truppen hatte er indeß in Orizaba und in den zunächst liegenden Ortschaften behalten und beschäftigte sich mit der größten Thätigkeit mit ihrer Reorganisation; unglücklicherweise fehlte es hierzu an fast allen Mitteln und wir selbst waren durchaus nicht in der Lage, ihm ausreichend zu Hülfe kommen zu können, obgleich Alles geschah, was möglich war; 300 auf der Douane in Vera=Cruz weggenommene Gewehre und 3 dem Feinde abgenommene Berghaubitzen wurden unentgeltlich überlassen. Selbst Geldsummen, wenn auch kleine, wurden unseren Alliirten überlassen, obgleich wir selbst mitunter den Offizieren und Soldaten den Sold kaum zahlen konnten. Ungeachtet dieser Unterstützung gelangten diese unsere Alliirten nicht in die Verfassung, um unsere Convois durch die Terra caliente geleiten zu können, aber nichtsdestoweniger haben wir sie bei der Vertheilung dieser Convois sich betheiligen lassen, und dieselbe Ration, wie unseren Soldaten an 2000 Mann des Generals Marquez verabfolgt, die vereinzelt oder gemeinschaftlich mit uns auf der Operationslinie vertheilt waren.

Diese Maßregel hatte eine in der That nennenswerthe Vermehrung der Schwierigkeiten, die wir in Bezug auf Herbeischaffung unseres Unterhaltes zu überwinden hatten, zur Folge. Wir mußten hoffen, eine Compensation in den Leistungen dieser Truppen für uns zu finden.

Die Arbeiten der Administration und des Genies hatten in den ersten Tagen des Monats Juni in Orizaba einen bedeutenden Umfang gewonnen. Das im Innern des Reduits gelegene Lazareth von San José war allein für die Fieberkranken bestimmt und die Zahl der aufzunehmenden auf 700 berechnet. Ausbesserungen an den Bedachungen waren in der Ausführung begriffen; alle Mauern im Innern wurden mit Kalk ausgeweißt und die Rinnsteine und Zugänge von Unrath gereinigt. In Ermangelung des aus Vera=Cruz nicht herbeizuschaffenden Betten=Materials, was dort in bedeutender Zahl aufgestapelt lag, half man sich mit Matten, Strohsäcken und durch den Ankauf von Zudecken, wo solche nur irgend zu haben waren. Für den Betrieb des Lazareth=Dienstes hatte man sich ebenfalls durch den Ankauf der Uten=

silien in der Stadt zu oft enormen Preisen zu helfen gesucht. In dem
Lazareth de la Concordia mit 225 Betten, welches sehr gesund gelegen
war, hatte man die Verwundeten untergebracht. Um dies hierzu geeignet zu machen, hatten auch bedeutende Arbeiten unternommen werden
müssen. Um die Rückfälle der Reconvalescenten zu vermeiden, war für
dieselben zunächst ein Depot in Escamela angelegt, und dasselbe später
nach Cocolupan verlegt. Es konnte 180 Mann aufnehmen. Das Genie
wußte aus diesem Etablissement einen großen Nutzen zu ziehen. Während des Marsches nach Puebla hatte der in San José in Thätigkeit
gesetzte Backofen zum Brodbacken ausgereicht. Nach der Rückkehr nach
Orizaba hatte man zu seiner Unterstützung noch 2 Feldbacköfen in Thätigkeit gesetzt, die man schon vor Puebla gebraucht hatte. Die Brodbäckerei,
sehr nahe an dem Lebensmittel-Magazin gelegen, erhielt später durch die
Konstruktion von gemauerten Backöfen nebst Zubehör eine bedeutende
Ausdehnung, so daß, nach Ankunft der Verstärkungen, diesem Bedürf-
niß vollständig wird entsprochen werden können.

Die Möglichkeit eines von allen Seiten verkündeten feindlichen Angriffs von Orizaba legte vor Allem die Verpflichtung auf, für die Ver-
theidigungs-Fähigkeit dieses Platzes Sorge zu tragen. Man begann mit
Herstellung des dringendsten Vertheidigungs-Bedürfnisses durch Errichtung eines sich gegenseitig flankirenden Barrikadensystems in den Straßen.

Unter Leitung des Genies wurde jedes Bataillon mit Erbauung
derjenigen Barrikaden beauftragt, zu deren Vertheidigung es eventuell
verwendet werden sollte, und so sicherte man sich sehr schnell wenigstens
vor einem Ueberfall. Nach dem am 14. Juni wirklich erfolgenden Angriff wurden außerhalb sehr bedeutende Vertheidigungsarbeiten ausgeführt, von denen wir später noch sprechen werden.

Die Verwaltung hatte das Verlangen gestellt, die wenigen guten
Tage, auf die man vor Eintritt der Regenzeit noch zu rechnen hatte,
zur möglichsten Ausfouragirung der Umgegend von Orizaba zu be-
nutzen. Zu dem Ende mußte täglich das 99. Regiment in Ingenio die
Bedeckung und die Arbeiter zu den in der Umgegend auszuführenden
Fouragirungen stellen, die zumal in den vorwärts auf der Straße nach
Puebla gelegenen Gehöften vor Tecamatucan und Encinal sehr ergiebig
waren. So entzogen wir dem Feinde die für uns so überaus werthvollen Lebensmittel. Diesen Unternehmungen wurden auch meist Truppen
des Generals Marquez beigegeben; es kam dabei öfters zu, wenn
auch meist unbedeutenden Engagements mit dem in einer Stärke von
2—3000 Mann in Acultzingo stehenden Feinde, der auch seinerseits wie-
derholt Rekognoscirungen gegen Ingenio unternahm. Unter dem Schutze
derartiger Unternehmen wurde auch eine Quantität Mehl und Korn vom
Plateau von Anahuac eingebracht, wo es unsere Beamten mit vieler

Mühe ausfindig gemacht hatten, was bei der großen Wachsamkeit des Feindes äußerst schwierig war.

Nachdem der General Lorencez am 11. Juni den Tags zuvor stattgehabten, durch 500 Guerillas zwischen Purga und Soledad gegen einen von Vera-Cruz unter unzureichender Bedeckung in Bewegung gesetzten Munitions-Transport ausgeführten Angriff in Erfahrung gebracht hatte, forderte er den General Marquez auf, mit seinen gesammten Truppen sich in die Terra caliente zu begeben und sie zur Sicherstellung der passirenden Convois gegen die von Huatusco und Jalapa herabkommenden Guerillas zu besetzen. Marquez ging bereitwilligst hierauf ein und setzte sich am 12. Juni mit 2000 Pferden von Orizaba aus in Bewegung. Infanterie wollte er nicht mitnehmen, weil er derselben die bevorstehenden Märsche nicht zutraute. Er übernahm es, 80 unserer Administrations-Fahrzeuge mit sich zu nehmen, sie in Vera-Cruz Ladung nehmen zu lassen und dann wieder nach Orizaba zurückzubringen.

Am Abend dieses Tages, an dem Marquez abmarschirt war, wurden wir durch eine von Zaragoza selbst ausgehende unverschämte Bravade benachrichtigt, daß er sich in Tecamalucan auf dem Marsche nach Orizaba befinde, wo er uns demnächst angreifen würde. Der vom General Zaragoza gewählte Moment war günstig für ihn. Die erwähnten Detachirungen hatten den General Lorencez augenblicklich auf eine Stärke von 2800 Kombattanten heruntergebracht, gegen welche Zaragoza 14,000 Mann zum Angriff führte." —

Hören wir über die Vorgänge des 13. und 14. Juni den Originalbericht des General Lorencez:

„Am 12. Juni kam Zaragoza, der Tags zuvor noch in Palmas gewesen war, in Tecamalucan an, 6 Kilometer von Ingenio und 12 Kilometer von Orizaba. Gegen 7 Uhr Abends schickte er mir mit einem Parlamentair einen befremdlichen Brief, in welchem er mir eine Kapitulation vorschlug, die zur Hauptbedingung die Räumung der Republik in einer gegebenen Zeit haben sollte.

Ich wußte, daß das Korps des Generals Ortega, 5000 Mann stark, von Jesus Maria aufgebrochen war und gegen meine rechte Flanke im Norden der Stadt vorrückte. Das 99. Regiment, wenn auch in Ingenio in einer vortrefflichen Stellung, stand doch etwas zu sehr in der Luft; auch hatte ich dieses Regiment zur Vertheidigung von Orizaba nöthig, dessen Garnison durch den Abmarsch des Generals Marquez nach Vera-Cruz um 2000 Mann vermindert war.

Es mußte daher Zeit gewonnen werden, um das 99. Regiment heranziehen zu können. Ich ließ deshalb für den Augenblick meine Entrüstung schweigen und ertheilte dem General Zaragoza eine answeichende Antwort. Gleichzeitig schickte ich einen Offizier nach Ingenio mit dem Befehl, das 99. Regiment in der Nacht nach Orizaba zurückzuholen. Dieses Regiment traf wirklich am 13. früh 6 Uhr vollständig bei mir ein, ohne vom Feinde beunruhigt worden zu sein.

Kurze Zeit darauf fingen die feindlichen Tirailleurs an, sich mit den meinigen herumzuschießen. Der 13. wurde zur letzten Beendigung der Vertheidigungsmaßregeln benutzt.

In der Nacht vom 13. zum 14. brachte der Oberst L'Heriller, Kommandeur des 99. Regiments in Erfahrung, daß der Feind auf dem bis dahin unersteigbar gehaltenen Mont Borrego Position nähme. Er ertheilte der 3. Kompagnie des 1. Bataillons seines Regiments unter dem Hauptmann Détrie den Befehl, die steilen Abhänge des Berges, an denen nirgends ein Fußsteig war, zu erklimmen, den Feind zu verjagen, und um jeden Preis sich in den Besitz des Berges zu setzen. Nachdem man 1½ Stunde die fast ungangbaren Abhänge hinaufgeklettert war, wurde der Hauptmann Détrie gegen 1½ Uhr Morgens mit einem heftigen Gewehrfeuer überfallen. Weit entfernt, dadurch erschüttert zu werden, stürzte er sich auf den Feind und nahm ihm drei Berghaubitzen weg, wovon zwei soeben Feuer auf ihn gegeben hatten. Indeß die Spitze des Borrego war noch nicht erreicht; der Feind war zahlreich, ein Offizier, der Sergeant-Major und der Sergeant-Fourier waren verwundet. Der Hauptmann erhielt seine Kompagnie in der eingenommenen Stellung und ließ sie ausruhen, da er nicht zweifelte, daß man ihm Unterstützung senden würde. Und wirklich erreichte ihn um 3½ Uhr Morgens die 2. Kompagnie des 1. Bataillons; die beiden Kapitaine Détrie und Leclère formirten ihre Angriffs-Kolonnen und warfen sich mit dem Bayonett unter dem Rufe: „es lebe der Kaiser" auf den Feind. Die Mexicaner erwiederten den Angriff zwei Mal, wurden aber beide Male zurückgeworfen. Der Kapitain Détrie wurde an der Hand verwundet, sein Revolver zersprang, seine Kleider waren von Kugeln durchlöchert; aber die Position gehörte unwiderruflich der 3. und 2. Kompagnie des 1. Bataillons 99. Infanterie Regiments.

Diese beiden Kompagnien hatten sich gegenüber von drei Korps der Armee des Generals Ortega befunden, die zusammen 2000 Mann stark waren. Andere 2500 Infanteristen und 500 Kavalleristen waren am Fuße des Berges in der Ebene geblieben.

Unglücklicher Weise läßt der Kampf auf dem Mont Borrego sich nicht näher beschreiben; wenn man aber die Stellung gesehen, wenn man den Berg erstiegen hat und sich dann einen Begriff von den Schwierigkeiten eines solchen Unternehmens bei dunkler Nacht machen kann, so zögert man nicht, diese Handvoll tapferer Soldaten wahrhaft heldenmüthig zu nennen.

Die 3. Kompagnie hat 5 Todte und 17 Verwundete, die 2. nur einen Verwundeten gehabt.

Die Ergebnisse dieses ruhmreichen Kampfes waren folgende: ungefähr 250 Mexicaner blieben todt oder verwundet auf dem Schlachtfelde; drei Berghaubitzen, eine Fahne, drei Bataillonsflaggen und 200 Gefangene blieben in den Händen von 140 unserer Soldaten; 1 General, 3 Obersten, 2 Oberstlieutenants waren getödtet; das ganze Korps des Generals Ortega, die 3000 in der Ebene gebliebenen mitgerechnet, auf der Flucht und vollständig zerstreut.

Während der Nacht hatte der General Zaragoza vor dem Puebla'er Thore eine 1200 Meter lange Parallele zwischen der Straße und dem Rio Blanco eröffnet; ein breiter Terrain-Einschnitt bildete zwischen der Straße und einem Nebenarm des Rio Blanco die natürliche Verlängerung dieser Parallele; 18 Geschütze, worunter zwei Belagerungsgeschütze, waren in mehreren Batterien auf dieser Linie vertheilt.

Am 14. Morgens 5 Uhr eröffneten die Mexicaner gegen unsere Batterien ein sehr lebhaftes Feuer, das sich nur auf einen geringen Raum vertheilte. Die Brustwehren unserer Batterien hatten noch nicht die ausreichende Stärke erlangt, und so mußte man das Feuer erwiedern, während jene Arbeit fortgesetzt wurde. Die Artilleristen, die Sappeure, sowie die von den Zouaven und vom 99. Regimente gestellten Arbeiter rivalisirten hierbei in Muth und Hingebung. Besonders muß ich des Marine-Aspiranten 1. Klasse Denans rühmend erwähnen, der fast ohne Deckung sein Feuer während einer ganzen Stunde mit großer Genauigkeit fortsetzte.

In Ermangelung von Erdsäcken verwendete der mit der Vertheidigung dieser Seite der Stadt beauftragte General Douay Baumwollenballen, um dahinter seine Truppen gegen das feindliche Feuer zu decken.

Während dieser Vorgänge am Thore von Puebla nahmen die beiden anderen Sectionen der Batterie Bruet ihre Gefechtsaufstellung im Norden der Stadt mit dem 99. Regiment, und warfen in sich zeigende Kavallerie-Gruppen einige Granaten.

Gegen 2 Uhr hatte der Kapitain Bonnet von der Berg-Batterie mit Erfolg aus den vom 99. Regiment dem Feinde abgenommenen Haubitzen das Feuer auf die Belagerer gerichtet.

Um 8 Uhr eröffnete das Genie eine Tranchée, die dazu bestimmt war, unsere Action bis zum Rio Blanco auszudehnen.

Am Abende war nach zwei schlaflosen Nächten Alles zu ermüdet, um an einen direkten Angriff der feindlichen Batterien denken zu können. Solches wurde auf den anderen Tag aufgespart.

Aber die Resultate des nächtlichen Kampfes der beiden Kompagnien des 99. Regimentes hatten in dem Korps Zaragoza's Schrecken verbreitet, und hatte dasselbe die Nacht vom 14. zum 15. zur Räumung der Position benutzt und sich nach Canada Istapan und St. Andrés auf den Rückzug begeben.

Die Arbeiten des Belagerers habe ich zerstören, die eigenen fortsetzen und auf dem Mont Borrego zwei befestigte Häuser erbauen lassen." —

Es liegt auf der Hand, in welche üble Lage die Besatzung von Orizaba und die ganze Expedition gerathen mußte, wenn dieser Angriff den Mexicanern gelungen wäre.

Ernst genug war er gemeint. Eine einzige tapfere Kompagnie unter Führung ihres tapferen Kapitains sehen wir glänzend die Frage des Tages lösen, und mit Recht finden Beide in dem Berichte des Ober-Befehlshabers eine rühmende Erwähnung. Der Kaiser ernannte in Anerkennung dieser That den Führer der Kompagnie zum Bataillons-Kommandeur.

Aber noch lange 3 Monate war das Korps in Orizaba auf seine eigenen Kräfte angewiesen. Hören wir die Fortsetzung des Berichtes über seine fernere Thätigkeit.

"Das Genie und die Artillerie vermehrten von jetzt ab täglich die Vertheidigungsfähigkeit von Orizaba.

Am 13. Juni war vor dem Thore von Puebla die Konstruktion von 3 Batterien und die einer 600 Meter langen, sich nach dem Rio Blanco hinziehenden Contreapproche en crémaillère begonnen, und später fleißig fortgesetzt.

An einem durch den Ort laufenden Kanal traf man die nöthigen Vorkehrungen, um nach rechts hin eine Ueberschwemmung aufspannen und das Wasser in einen alten, von einem Redan beherrschten Graben leiten zu können, in welchem ersteren man auch Artillerie placiren konnte. Im Süden wurde eine Batterie von 2 Geschützen mit einer kleinen für die Bedeckung bestimmten Verschanzung angelegt, um dem Feinde den Zutritt zu den Brücken von Jalapilla, die den Rio Blanco und den Rio d'Orizaba nahe an ihrem Zusammenfluß überschreiten, zu versagen. Im Norden wurden mit Benutzung von drei die Ebene beherrschenden Hügeln drei Redans angelegt, die einer Batterie von 2 Geschützen Schutz gewährten. Im Osten wurden in der Mitte einer leichten aber weitausgedehnten Verschanzung 2 Batterien von je 2 Geschützen angelegt, um ein Thal zu bestreichen, unter dessen Schutz sich der Feind hätte sammeln können. Endlich wurde der Posten der „indischen Kirche," dicht hinter diesen Werken gelegen und als ihr Reduit zu betrachten, sorgsam befestigt. Alle diese nunmehr vollendeten Arbeiten machen die Vertheidigung von Orizaba mit einer kleinen Garnison leicht.

Nachdem General Zaragoza seine Unternehmung gegen Orizaba aufgegeben, hatte er den größten Theil seiner Truppen hinter die Cumbres zurückgenommen. Einige derselben hatte er indeß in Acultzingo zurückgelassen, um die Zugänge zum Plateau von Anahuac, zumal nach St. Andrés und Tehuacan, den Mittelpunkten der Production, von wo unsere Truppen zum Theil ihre Lebensmittel hätten beziehen können, abzuschneiden. Diese Hülfsquellen erschienen indeß nicht von der Bedeutung, um sie durch Operationen uns gewaltsam zu eröffnen. Es war vorzuziehen, sich auf Orizaba zu beschränken, um die Escorten der Convois, die uns mit Sicherheit das Erforderliche von Vera=Cruz herbeischaffen sollten, immer ausreichend stark machen und in ausreichender Zahl stellen zu können.

Bisher hatte Orizaba nur zwei kleine Convois erhalten, den einen unter Leitung des Generals Douay am 10. Juni, den anderen am 12. Juni unter Bedeckung des Generals Galvez mit 300 Mann, der schon während unseres ersten Aufenthalts in Orizaba, vor dem Abmarsch nach Puebla sich uns angeschlossen hatte und seitdem in Tejeria geblieben war. Der General Lorencez rechnete nunmehr auf den Convoi, den der General Marquez herbeiführen sollte. Nachdem dieser General indeß in Vera=Cruz eingetroffen und von dem auf Orizaba gerichteten Angriffe in Kenntniß gelangt war, hielt er es für erforderlich, sogleich nach Orizaba zurück zu marschiren, während er die von ihm mitgenommenen Wagen, deren Beladung er nicht glaubte abwarten zu können, in Tejeria zurückließ.

Er würde sich um Vieles nützlicher gemacht haben, wenn er die Lebensmittel herangeschafft hätte, und man hat Ursache zu glauben, daß dies auch sein Wunsch gewesen ist; aber er hatte nicht genug Gewalt über seine Truppen, um sie mehrere Tage in jenen Gegenden, wo das gelbe Fieber herrschte, festzuhalten.

In dieser Beziehung erhielt man einen neuen Beweis, als ihm, nachdem er in Orizaba angekommen war, am 23. Juni aufgetragen wurde, sich aufs Neue der Escorte eines zur Beladung nach Vera=Cruz zu sendenden Convois zu unterziehen. Er erklärte, daß die Reorganisation seiner Truppen zur Ausführung dieses Auftrages nicht weit genug vorgeschritten sei, und schlug vor, hierzu die Besatzung von Cordova zu verwenden, welchen Ort er dann mit seiner Infanterie, einigen Geschützen und etwas Kavallerie als Ersatz besetzen wolle. Sein Vorschlag wurde angenommen; doch hielt man es für angemessen, ihn durch das Bataillon der Marine=Füsiliere zu verstärken und eine Section der Marine=Artillerie, die schon in jenem Orte war, dort zu belassen.

Nach seinem erneuten Abmarsch bestand die Besatzung von Orizaba aus 4 Bataillonen, nämlich dem Jäger=Bataillon zu Fuß, den 2 Bataillonen des 99. Regiments und dem 1. Bataillon des 2. Zouaven=Regiments, welches in Chiknite durch 8 Kompagnien Marine=Infanterie unter dem Befehl des Oberst-Lieutenants Charvet und dieses wieder in Cordova durch das 2. Bataillon 2. Zouaven-Regimentes abgelöst war.

Nach den mit dem General Marquez verabredeten Dispositionen marschirte der Oberst Hennique am 26. Juni mit 4 Kompagnien Marine-Infanterie, dem 2. Bataillon 2. Zouaven-Regiments, 2 Zügen Chasseurs d'Afrique und der Section des Genies der Kolonien von Cordova nach Tejeria ab und eskortirte dahin etwa 100 leere Wagen. Er hatte Befehl, dieselben dort zu lassen und mit den dort vorhandenen 80 beladenen Wagen sofort zurückzukehren; dies waren diejenigen, die Marquez dahin mitgenommen hatte. Um nun im Stande zu sein, dieser Kolonne, falls sie von dem, die Terra caliente stark besetzt haltenden Feinde mit Ueberzahl angegriffen werden sollte, zu Hülfe zu kommen, mußte man die Besatzung von Orizaba abermals um 1 Bataillon schwächen, indem man das 1. Bataillon 99. Regiments hierzu verwendete, welches zugleich zur Ablösung der Besatzung von Chiluite, wo man dieselbe wegen der ungesunden Lage nicht lange lassen durfte, bestimmt war. Dieses Bataillon setzte sich unter dem Kommandanten Sonville am 2. Juli von Cordova aus in Marsch und erreichte Chiluite am 3. Juli. Als es hier von dem Convoi Nichts erfuhr, wohl aber Mittheilung bekam, daß der Feind, in der Absicht, die Straße zu sperren, Soledad mit 3000 Mann besetzt habe, beschloß der Kommandeur, in Gemäßheit seiner Instruktion, zur Unterstützung des Obersten Hennique weiter vorzugehen, der seit mehreren Tagen sich auf dem Rückmarsch befinden mußte. Das Bataillon erreichte am 6. Juli Soledad gerade noch zeitig genug, um die Mexicaner am Verbrennen der Brücke zu hindern; diese zogen sich schleunigst zurück.

Die Vereinigung beider Kolonnen erfolgte erst am 9. Juli zu Soledad. Am 4. von Tejeria aufgebrochen, hatte der Convoi also 6 Tage gebraucht, um 6½ Lieues zurückzulegen, während dessen er mit unerhörten Schwierigkeiten zu kämpfen gehabt hatte, um die Wagen durch die morastige Straße zu schleppen. Genöthigt, bei oft großen Umwegen die Bespannung zu verdrei- und vervierfachen, um vorwärts zu kommen, ununterbrochen an die unterstützende Arbeit der Sappeure gewiesen, oft 18 Stunden unterwegs, ohne daß man irgendwo einen Bivouacs-Platz hätte finden können, wo der Soldat nur den geringsten trocknen Raum zu seiner Ruhe gehabt hätte, erreichte der Oberst Hennique Orizaba erst am 21. Juli, nach einem äußerst mühsamen Marsch, obgleich er wenig Regen gehabt und ernstlich vom Feinde nicht aufgehalten war. Um diesen Convoi zu erleichtern, und besonders, um nach Cordova und Orizaba schneller Lebensmittel heranzuziehen, wo sie zu mangeln begannen, wurde demselben ein Detachement des Equipagen-Trains, 125 Mann und 180 Lastthiere stark, wozu unterweges noch deren 60 stießen, entgegengeschickt. In Palo-Verde am 13. Juli traf man den Convoi, nahm sofort Ladung und kam am

17. Juli mit 140 Centner Mehl und 100 Centner Zwieback zu Orizaba an, wo wir, bereits auf ein Minimum an Vorräthen reducirt und inmitten einer ausgehungerten und auswandernden Bevölkerung, diesen Zuwachs als einen äußerst werthvollen betrachten mußten.

Während der Zeit, wo unsere Garnison in Orizaba nur aus 3 Bataillonen bestand, hatte man nicht versäumt, die beunruhigendsten Gerüchte zu verbreiten, wozu die zum großen Theil uns feindliche Einwohnerschaft nur zu bereitwillig die Hand bot. Demnach sollten wir jeden Augenblick von den überlegensten Kräften angegriffen werden. Man war indeß sehr auf seiner Hut und von all den Drohungen ging keine in Erfüllung. Nach dem erfolglosen Angriffe vom 14. Juni wurde nichts Ernstliches wieder gegen uns unternommen."

Dessenungeachtet ertheilte der General Lorencez der Vorsicht halber dem Obersten Hennique, der zu dieser Zeit über den größten Theil der auf der ganzen Straße vertheilten Truppen disponirte, die Weisung, das 2. Bataillon 2. Zouaven-Regiments, sobald er es glaube entbehren zu können, nach Orizaba zurückzuschicken. Von Chikuite wurden schon am 10. Juli 4 Kompagnien Marine-Infanterie zurückgenommen.

Sobald das dem großen Convoi etwas vorangehende und dann wieder nach Soledad zurückkehrende 1. Bataillon 99. Regimentes in dem genannten Orte, den es besetzen sollte, wieder angekommen war, begaben sich die dort bis dahin befindlich gewesenen 4 Kompagnien Marine-Infanterie unter dem Befehl des Oberst-Lieutenant Charvet nach der Brücke des Rio Secco, wo sie nahe dabei ein Lager bezogen, weil die Reparatur der Brücke unumgänglich nothwendig wurde. Diese Kompagnien erreichten Orizaba erst am 30. Juli, nachdem unter ihrem Schutze durch eine Section Genie die Wiederherstellung der Brücke vollständig beendet war.

Dieser Convoi, den man nur mit Mühe hatte nach Orizaba schaffen können, hatte zum Hin- und Rückwege vier Wochen gebraucht, und, nachdem für den Bedarf seiner Escorte ein großer Theil der mitgeführten Lebensmittel verbraucht war, die geringen Vorräthe nur um einen 20tägigen Bedarf vermehrt. Auf einen schnelleren Transport konnte man während der Regenzeit nicht rechnen und die Vermehrung der Transportmittel war absolut unmöglich. Alle Versuche, uns Maulthiere zum Transport der Lebensmittel zu schaffen, der einzigen, in dieser Jahreszeit ausführbaren Transportweise, schlugen an dem von den Einwohnern uns gezeigten bösen Willen fehl oder hatten ganz unzureichende Resultate. Fast alle im Lande vorhandenen Fahrzeuge, etwa 260 an der Zahl, hatten wir in unserem Besitz. Man mußte sich mit ihrer Verwendung, ungeachtet der großen Schwierigkeiten, begnügen. Andererseits wäre es bei der Nothwendigkeit, die verschiedenen Punkte auf der

Straße besetzt zu halten, nicht möglich gewesen, mehrere Convois gleichzeitig in Bewegung zu setzen, selbst wenn wir im Stande gewesen wären, uns Wagen in größerer Zahl zu verschaffen.

Bei dieser Lage der Dinge, die die größte Oeconomie gebot, wurde unterm 24. Juni angeordnet, daß auf die Brodration anstatt 750 (1½ Pfd.) nur 500 Gramm (1 Pfd. 2 Lth.) zu verabreichen seien, daß die Offiziere, gleichviel welchen Grades, nur eine solche Ration empfangen durften, und daß die Truppen nur 2 Rationen Wein wöchentlich erhalten sollten, daß indeß die Fleischration zunächst auf 360, später auf 400 Gramm (28 Loth) zu steigern sei. Nach einer Anordnung vom 13. Juni war bei der Fourage anstatt des Strohes grüner Mais zu verabfolgen.

Der Zeitpunkt war nicht fern, wo es unmöglich sein würde, den Pferden noch Körnerfutter zu geben; die dann auch während der Monate August und September nur mit Zuckerrohr und grünem Mais gefüttert werden konnten. Bei der Unmöglichkeit, monatlich mehr denn einen Convoi von Vera-Cruz herbeizuschaffen, mußte die Hoffnung, eine Reserve an Lebensmitteln zu bilden, aufgegeben werden, wobei denn unsere Lage eine sehr precaire blieb. Man mußte seinen Zuschnitt darauf machen, von einem Tage zum andern zu leben und alle hierin liegenden Consequenzen in den Kauf nehmen.

Um die hierin liegende Beengung soviel als möglich zu mildern, wurde in die Absendung der Convois die größte Thätigkeit gebracht; deshalb setzte sich denn schon am 23. Juli, nachdem den Gespannen nur 2 Ruhetage gewährt waren, der Kommandant Lefébure mit 7 Kompagnien des 99. Regiments, 40 Sappeuren und zwei Zügen Chasseurs d'Afrique, 108 leere Wagen und 250 Lastthiere eskortirend, nach Vera-Cruz in Marsch. Keine von den schon aufgezählten Schwierigkeiten wurde ihm auf diesem Wege erspart. Nachdem der letzte Convoi die Brücke bei Soledad passirt hatte, war sie vom Feinde zerstört worden. Doch erwuchs daraus kein bedeutender Aufenthalt, da der Jemappa-Fluß mittelst einer Fuhrt passirt werden konnte; in der Kolonne kamen indeß viel Erkrankungen vor, und davon etwa zehn am gelben Fieber. Nachdem die Kolonne von Tejeria am 3. August den Rückmarsch wieder angetreten hatte, traf sie erst am 10. August in Pajo Ancho ein, hatte also, um 15 Lieues zurückzulegen, 8 Tage gebraucht.

Bei Rancho del Sardo wurde sie vom Feinde angegriffen, wobei sie einige Verluste erlitt und ihr mehrere Gespanne und Lastthiere weggenommen wurden. Endlich traf die Kolonne mit dem Convoi, der auf dem Rückwege nur aus 80 Wagen bestand, deren Ladung auch noch auf die Hälfte zusammengeschmolzen war, am 17. August in Orizaba ein. Während des Marsches des Kommandanten Lefébure, als dieser jeden Tag in Chiluite erwartet wurde, kam am 11. August eine von diesem Orte ausgegangene Recognoscirung in Pajo del Macho in dem Augenblicke an, wo eine Bande Guerillas, die sogleich die Flucht ergriff, an der Zerstörung der in der Nähe gelegenen steinernen Brücke arbeitete, deren Ersatz wegen der Höhe und Steilheit der Ufer äußerst schwierig gewesen sein würde. Dadurch sah man sich veranlaßt, diesen Punkt mit zwei von dem nur 10 Kilometer entfernt gelegenen Chikuite genommenen Kompagnien besetzt zu halten. Diese wurden beauftragt, unter Leitung ihrer Offiziere eine der Position von Paso del Macho, die sie mit einigen kleinen Werken deckten, als Reduit dienende Redoute zu erbauen.

Der Kommandant M a u g i n des 1. Bataillons zu Fuß legte den Weg von Orizaba nach Vera-Cruz und zurück mit einem sehr leichten, nur aus wenigen Wagen und ungefähr 290 allen Truppentheilen entnommenen Lastthieren bestehenden Convoi, ungeachtet des schlechten Wetters in der Zeit vom 10. bis 24. August zurück und brachte den Courier aus Frankreich unter Bedeckung eines Zuges Gensdarmen mit zurück, durch welche letztere man die Chasseurs d'Afrique ablösen lassen mußte, weil deren Pferde gänzlich erschöpft waren. Die 4 Kompagnien des Jäger-Bataillons, welche mit dem Zug Gensdarmen die Eskorte des Konvois gebildet hatten, trafen in Orizaba erst am 28. August wieder ein.

Sie führten nur 8 Wagen mit sich, die von Tejeria bis Soledad nicht weniger als 4 Tage gebraucht hatten, so daß man des erschrecklich schlechten Wetters wegen sich gezwungen sah, fernerhin diese Transporte zu Wagen zwischen diesen beiden Orten ganz aufzugeben. Um aber den Modus des Tragens einzuführen, mußte man sich die erforderlichen Lastthiere verschaffen, auch über die zur Besetzung von Soledad nöthigen Truppen disponiren können, wo die eintreffenden Wagen, ohne den Jemappa-Fluß zu passiren, die bis dahin mit Lastthieren transportirten Lebensmittel laden sollten. Nur durch das Eintreffen der erwarteten Verstärkung konnte diesen beiden Bedingungen genügt werden."

Mit dem hier erwähnten Courier aus Frankreich war folgendes Schreiben des Kaisers eingetroffen:

„Mit Vergnügen habe ich die brillante Affaire an den Cumbres und mit Betrübniß den beim Angriff von Puebla erlittenen Echec vernommen.

Doch das ist Kriegsgeschick, den Glanz der Erfolge durch Rückschläge mitunter verdunkelt zu sehen; das ist aber kein Grund, entmuthigt zu werden. Die Ehre des Landes ist engagirt, und Sie werden mit allen Mitteln, die das Land liefern kann, und deren Sie bedürfen könnten, unterstützt werden.

Seien Sie bei Ihren Truppen der Dolmetscher meiner größten Zufriedenheit in Betreff des Muthes und der Ausdauer, mit dem sie

Anstrengungen und Entbehrungen aller Art erduldet haben. So fern sie von mir sind, sie sind meiner Fürsorge gewiß.

Ihre Haltung billige ich, wenn sie auch nicht überall richtig verstanden ist. Sie haben Recht daran gethan, den General Almonte zu schützen, weil er mit der jetzigen Regierung von Mexico im Kriege ist. Alle die unter Ihrer Fahne Schutz suchen, haben dasselbe Recht, solchen zu finden.

Alles das kann aber keinen Einfluß auf Ihre fernere Haltung ausüben. Es ist gegen mein Interesse, meinen Ursprung und meine Grundsätze, dem mexicanischen Volke mit Gewalt irgend eine Regierungsform aufzudrängen. Dasselbe mag in völliger Freiheit sich diejenige wählen, die ihm am geeignetsten erscheint. Ich verlange von demselben nur Aufrichtigkeit in den Beziehungen zum Auslande und wünsche nur Eines: das Glück und die Unabhängigkeit dieses schönen Landes unter einer stabilen und geregelten Regierung." —

Die ausgesprochene kaiserliche Anerkennung und die in Aussicht gestellte Fürsorge konnte wohl nicht anders, als die Truppen zu neuer Anstrengung und Ausdauer ermuntern.

„Am 25. August," heißt es weiter im Bericht, „ging von Orizaba, unter der Escorte von 2 Kompagnien Jäger zu Fuß, 3 Kompagnien Zouaven und einem Zug Chasseurs d'Afrique, unter Befehl des Kommandanten Morand, ein Convoi von 75 Wagen und 250 Lastthieren mit der Anweisung ab, nur die letzteren beladen wieder mit zurückzubringen, alle Wagen hingegen in Tejeria zu lassen.

Diese letzteren, die Wagen, sollten für diejenigen Convois bestimmt bleiben, die die eintreffenden Verstärkungen bei ihrer successiven Besetzung des gemäßigten Landstrichs, der ihnen reservirt war, zu escortiren haben würden; auch dem Theil der Armee als Transportmittel dienen, den der neue General en chef vermuthlich für die Operation auf der Straße nach Jalapa bestimmen würde.

Als Kommandant Morand am 29. August in Soledad, wo die Brücke verbrannt war, anlangte, fand er das Wasser des Jemappa-Flusses außerordentlich gewachsen und die Fuhrt durchaus ungangbar. Kein Geldversprechen war im Stande, auch nur einen einzigen Indianer zur Passage des Flusses zu vermögen, um so in Vera-Cruz die zum Uebergange des Flusses erforderlichen Mittel, die die Marine liefern konnte, zu fordern. Ein Sergeant von den Zouaven wird das Opfer seiner Hingebung, indem er mit mehreren anderen Schwimmern die ausdauerndsten Versuche machte, das andere Ufer des Flusses zu erreichen. Es ist absolut unmöglich, irgend eine leichtere Passage aufzufinden. Man hofft indeß, daß die erste Kolonne der Verstärkungen auf dem anderen Ufer erscheinen und vielleicht mit dem zum Uebergange des Flusses erforderlichen Material versehen sein wird. Der Kommandant Morand wartet daher, von Guerilla=Banden unausgesetzt harcellirt, unter strömendem Regen mehrere Tage, ohne daß es den Schwimmern gelingen wollte, mit Hülfe eines von Orizaba mitgebrachten Taues die Verbindung mit dem andern Ufer herzustellen. Da alle seine Hoffnungen fehlschlagen, ist er genöthigt, umzukehren, um sich Lebensmittel zu verschaffen, die ihm der Kommandant Lefèbvre von Chikuite nach Paso Ancho schickt, wo er bis zum Fallen des Wassers bleibt.

Alle diese übrigens seit langer Zeit vorausgesehenen Schwierigkeiten forderten gebieterisch die permanente Besetzung von Soledad, um so fernerhin den dortigen Uebergang sicherzustellen.

In Orizaba war die Benachrichtigung von der am 28. August in Vera=Cruz erfolgten Ankunft der vom Oberst Brincourt geführten Verstärkung, bestehend aus 2 Bataillonen des 1. Zouaven=Regiments, einer Escadron des 1. Regiments Chasseurs d'Afrique und zwei Kompagnien Equipagen=Train mit Wagen und Maulthieren, angelangt; in nützlicher Voraussicht war sie außerdem mit einer bedeutenden Anzahl von Packsätteln versehen, so daß es möglich wurde, alle Gespanne zum Tragen zu verwenden.

In Folge dessen wurde trotz der immer noch unterhaltenen Nachrichten von bevorstehenden Angriffen beschlossen, daß das 1. Bataillon des 2. Regiments der Marine=Infanterie unter dem Befehl des Oberst=Lieutenants Charvet nach Soledad, behufs Besetzung dieses Punktes, gehen, und daß es seinen Marsch dahin antreten sollte, sobald man Nachricht erhalten würde, daß die erste Kolonne der Verstärkung, die einstweilen in Soledad bleiben sollte, dort angekommen sei.

Der Kommandeur des Genies, dem der Befehl ertheilt war, das zum Bau einer festen Brücke bei Soledad erforderliche Material dahinzuschaffen, hatte mit größter Umsicht soviel Material als nur möglich zusammengebracht und alle nöthigen Vorbereitungen getroffen. Mit dem größten Theile der Sappeur=Kompagnien und zehn aus dem Marine=Füsilier=Bataillone gewählten Matrosen wurden die in Orizaba in einer Werkstätte requirirten Taue und Flaschenzüge, sowie die in Cordova gefundenen Bauhölzer und die von der Administration gelieferten großen leeren Tonnen schleunigst nach Soledad in Bewegung gesetzt. Am 7. September trifft dieses Detachement in Paso=Ancho den Kommandanten Morand, der, so verstärkt, am andern Tage mit allen seinen Truppen sich nach Soledad zurückbegiebt. Bei seiner Ankunft findet er die Fuhrt in Jemappa noch nicht gangbar, aber am andern Ufer bemerkt er die unter dem Oberst=Lieutenant Labrousse vom 1. Zouaven=Regiment angekommene erste Kolonne der Verstärkung. Kommandant Morand brachte das Material zur Herstellung eines Ueberganges mit, Oberst=Lieutenant Labrousse einen bedeutenden Lebensmittel=Transport. Sofort sucht man nach Mitteln, sich in Verbindung zu setzen. Eine von den Truppen des Oberst-Lieutenants Labrousse in der Stadt bemerkte indianische Perogue (Kahn, aus einem ausgehöhlten Baumstamme bestehend) wurde sofort herbeigeholt und ins Wasser gebracht.

An einer aus Fouragirleinen der Chasseurs d'Afrique gefertigten Schiffsleine befestigt und von einem Soldaten der 1. Zouaven, der dies Fahrzeug mit Hülfe einer Stange kühn dirigirte, bestiegen, erreicht dasselbe das rechte Ufer. So konnte man von einem Ufer zum andern ein Tau ziehen, und ungeachtet des reißenden und geschwollenen Wassers ist die Verbindung hergestellt. In Zeit von 4 Stunden construirte das Genie mit Hülfe der mitgebrachten Materialien ein Floß. Die von Vera-Cruz kommenden Lebensmittel wurden auf diese Weise herüber geschafft und auf den leeren Wagen des Kommandanten Morand verladen. Die Transportmittel des Oberst-Lieutenants Labrousse wurden nach Tejeria zurückgeschickt.

Die schon früher eingezogenen Erkundigungen hatten etwa 300 Meter stromaufwärts von der verbrannten Brücke einen Punkt ausfindig gemacht, wo eine jetzt zerstörte Laufbrücke gewesen war. Kleine Inseln und Felsblöcke bildeten hier natürliche Pfeiler. Das Genie unternahm hier sogleich die Wiederherstellung einer solchen Laufbrücke, die am Abend des 10. September mit so günstigem Erfolge beendet war, daß Menschen und beladene Maulthiere sie mit voller Sicherheit passiren konnten.

So war am 10. Abends der Jemappa an zwei Stellen zu überschreiten. Unter dem Befehle des Genie-Kapitains Varillon, der jene Arbeiten geleitet hatte, ging sofort unter Bedeckung von 350 Mann ein Convoi von 250 beladenen Maulthieren von Soledad ab und traf am 14. September in Orizaba ein.

Die einstweilen vom Oberst-Lieutenant Labrousse einzunehmende Position von Soledad war eine, aus militairischem Gesichtspunkte betrachtet, sehr schwierige. Einige Feldwerke wurden sofort in Angriff genommen und so tracirt, daß beide Ufer des Jemappa durch sie gedeckt wurden. In der dem Feuer und der Verwüstung der Guerillas entgangenen Kirche und sonstigen Baulichkeiten traf man Vorkehrungen zur Errichtung eines Lazareths und eines Magazins. Nicht ein einziger Bewohner war in diesem Orte zurückgeblieben. Der Kommandant Morand war am 19. September mit seinem Convoi nach Orizaba zurückgekehrt und hatte auf seinem Marsche mit alle den Schwierigkeiten zu kämpfen gehabt, die wir bei Betrachtung dieser Operationen schon kennen gelernt haben. An demselben Tage brach der Oberst-Lieutenant Charvet mit dem 1. Bataillon der Marine-Infanterie auf, um in Soledad den Oberst-Lieutenant Labrousse abzulösen, der seinerseits mit der Besetzung von Chiluite beauftragt wurde, während das einen Convoi von 60 Wagen escortirende 2te Bataillon des 1sten Zouaven-

Regiments mit einem Zuge des 1. Regiments Chasseurs d'Afrique sich nach Cordova unter die Befehle des Obersten Brincourt begab, der bestimmt war, den mit dem ganzen 99sten Regiment nach Orizaba zurückkehrenden Obersten L'Hérillier in dem Kommando jenes Ortes abzulösen.

Die beiden Bataillone des 2. Zouaven-Regimentes mit zwei Zügen des 2ten Regiments Chasseurs dAfriqne und 1 Section der Berg-Batterie gingen sogleich wieder nach Jngenio, wo man beschlossen hatte, die Vorposten wieder auszustellen.

Zum ersten Male seit langer Zeit wurden den Truppen wieder Lebensmittel in Fülle verabreicht, was zusammen mit dem Wiedereintritt besserer Witterung die auf den Märschen ertragenen unerhörten Anstrengungen bald wieder vergessen ließ.

Auf die Maulthiere des Trains wirkte die ihnen zugemuthete ununterbrochene schwere Arbeit sehr ungünstig; aber man konnte ihnen jetzt doch bessere Nahrung geben und einige Ruhe gewähren.

Es war nicht schwierig, mit der Zeit die vielen Beschädigungen, die unsere Wagen erlitten hatten, wieder herzustellen und so den ganzen Convoi von 260 Fahrzeugen, als eine in diesem Lande so überaus wichtige Hülfsquelle, vollständig wieder zu organisiren. Seine erste Organisation war das Werk des zum größten Bedauern ruhmvoll im Gefechte von Puebla getödteten Militair-Intendanten Raoul.

Während es so dem Expeditions-Korps gelang, sich in Orizaba, mit Aufbietung von Arbeitern aller Art und bei Entnahme seiner hauptsächlichsten Bedürfnisse aus Vera-Cruz, zu halten, herrschte in dieser letzteren Stadt, wo der Kapitain Roze, unterstützt vom Oberst-Lieutenant des Generalstabes Lacroix mit den größten Schwierigkeiten zu kämpfen hatte, das gelbe Fieber in grausamer Weise.

Diese Stadt war unter Bewachung eines Theils der Flottenequipage und einer einzigen Kompagnie des 99. Regimentes, im Ganzen etwa 500—600 Mann, gelassen, wovon fortwährend die Hälfte unfähig zum Dienste war.

Nach Maßgabe der bedeutenden Verluste, welche diese kleine Garnison erfuhr, hatte die Marine in ihrer großen Hingebung immer für die Aufrechterhaltung des Effektivbestandes Sorge getragen, obgleich die Besetzung der Schiffe dadurch eine ganz unzureichende wurde.

Mit ungefähr 300 dienstfähigen Leuten theils Land- theils Seesoldaten, mit einem sehr beschränkten und von der Krankheit ebenso sehr betroffenen Lazareth- und Verwaltungs-Personal mußte für die Vertheidigung eines mit einer schlechten und an mehreren Stellen der Landseite offenen Mauer ohne Graben versehenen Platzes gesorgt, der ununterbrochen bedeutende Lazarethdienst geleistet, bei einem tödtlichen Klima Arbeiten aller Art verrichtet, das Ausladen der Schiffe und die Magazinirung ausgeführt, und endlich die Vorbereitung und Ladung der für Orizaba bestimmten Convois bewirkt werden, welche Arbeiten denn die größeste Thätigkeit und besonders die peinlichste Eintheilung der Kräfte verlangten, damit die verschiedenen Dienste auch zweckentsprechend zur Ausführung kamen.

Offiziere, Aerzte, Beamte der Intendanz und Agenten der verschiedenen Administrationszweige traten, (indem ihr Eifer und ihre Hingebung mit den Schwierigkeiten der Lage wuchs), dem Allen mit einer Energie entgegen, die durch unablässige feindliche Bedrohungen und Unterbrechung der Verbindungen mit der Armee nur noch gesteigert wurde. Dank diesen Anstrengungen wurde es möglich, zu passender Zeit aus all den Hülfsmitteln Vortheil zu ziehen, welche die Sendungen aus Frankreich nach und nach zur Verfügung des Expeditions-Korps stellten.

Die Garnison von Vera-Cruz leistete unserer Armee die wesentlichsten Dienste; sie hat in bedeutendem Maße zu dem erzielten Resultate beigetragen, das ohne ihre energische Mitwirkung unmöglich gewesen sein würde. So war im Augenblicke des Eintreffens der Verstärkungen von dem ersten Expeditions-Korps dasjenige Ziel erreicht, was man füglich der Ausdauer und Hingebung desselben nur stellen konnte. Es hat es erreicht, sich fest einzunisten und die Verbindungslinie mit Vera-Cruz unter unerhörten Schwierigkeiten sicher zu stellen. Dieser ehrenvolle Antheil dieses Theils des Expeditions-Korps während der Kampagne der französischen Armee in Mexico wird ihm dauernd verbleiben.

Den Hauptkampf hatten, wie wir gesehen haben, die französischen Truppen in dem in diesem Berichte berührten Zeitabschnitte gegen die Elemente, gegen Krankheit und für ihre Verpflegung zu führen.

Jeder Soldat muß mit regem Interesse diesem rastlos thätigen Ineinandergreifen der Maßregeln, sowie aller Waffen und Branchen folgen, welche sich aufs Vollkommenste ergänzen und in Ausdauer, wie in Auffindung der Mittel zur Ueberwindung von Schwierigkeiten aller Art unerschöpflich sind.

Werfen wir einen Blick auf die mexicanische Seite, so zeigt sich seit dem unglücklichen Angriff vom 14. Juni dort Unthätigkeit und Zwiespalt in der Regierung. Das Ministerium Doblado löste sich auf, General Blanco wurde Kriegsminister.

Was aber noch wichtiger war, am 13. September war zu Puebla General Zaragoza, den man mit Recht für die Seele der mexicanischen Action hielt, am Typhus gestorben. Mit großer Auszeichnung fand in Mexico seine Beisetzung statt.

General Ortega war zu seinem Nachfolger ernannt worden. —

Nachdem Anfang Juni in Europa der zurückgewiesene Angriff von Puebla bekannt geworden war, wurde in Frankreich beschlossen, die Expedition auf einen Achtung gebietenden und die Angelegenheit fraglos erledigenden Fuß zu setzen. Ein Armeekorps in der Stärke von 28 bis 30,000 Mann wurde hierzu für erforderlich gehalten.

Noch einige 20,000 Mann mit allem Kriegs=Material mußten also auf jenen fernen Kriegsschauplatz geschafft werden. Das bedurfte natür=lich der bedeutendsten Vorbereitungen.

Um zunächst den dringendsten Bedürfnissen abzuhelfen, wurden von den immer mobilen Truppen der afrikanischen Besatzung gegen 2000 Mann mit 300 Pferden und zwar 2 Bataillone des 1. Zouaven=Regiments und 1 Eskadron Chasseurs d'Afrique genommen, und auf drei Schif=fen, dem „Eylau", „Finisterre" und „Impérial" am 2. Juli von Algier nach Vera=Cruz in Bewegung gesetzt.

Am 20. August trafen sie auf der Rhede von Vera=Cruz ein und wurden in zwei Hälften, am 26. August und 1. September, ausgeschifft.

Am 7. September sahen wir, wie sie in einem kritischen Moment ihren bedrängten Kameraden über den Jemappa=Fluß bei Soledad die Hand reichen und damit die Expedition einer ernsten Gefahr entziehen.

Jene Vorbereitungen zum Transporte des Gros waren erst gegen Ende August beendet, auch schritt man nicht früher zur Einschiffung, um die Truppen nicht ohne Noth dem verderblichen Einfluß der heißesten Jahreszeit auszusetzen.

In den Tagen vom 22. August bis 18. September gingen aus den Häfen von Toulon und Cherbourg in je drei Echelons circa 20,000 Mann mit über 3000 Pferden und Maulthieren und gegen 400 Fahr=zeugen rc. auf nahe an 50 Schiffen zur See nach Vera=Cruz.

Zum Oberbefehlshaber des französischen Expeditions = Korps wurde der Divisions=General Forey ernannt. Am Bord des „Turenne" traf derselbe am 21. September vor Vera=Cruz ein; am 24. Oktober rückte er in Orizaba ein, wohin ihm bald darauf auch seine Truppen folgten.

General Graf Lorencez, dem es freigestellt wurde, das Kommando einer Division weiter zu führen oder nach Frankreich zurückzukehren, that das Letztere, und traf am 15. Dezember 1862 am Bord des „Flo=ride," im Hafen von St. Nazaire wieder auf französischem Boden ein.

Mit einem Tagesbefehl, datirt Orizaba den 20. Oktober 1862, nimmt er von seinen Truppen Abschied und sagt hierin:

„Soldaten und Matrosen!

Der Kaiser hat die Bestimmung getroffen, daß das Expeditions=Korps in Mexico auf 25,000 Mann gebracht werden soll, und dem General Forey den Oberbefehl über dasselbe verliehen.

Soldaten und Matrosen! Ich sage Euch Lebewohl! Bis zum Ende meines Lebens werde ich mit Stolz der Tage der Gefahr und des Ruhmes gedenken, die wir mit einander durchlebten, wäh=rend ich den Oberbefehl führte. Einst wird die Geschichte erzählen,

5

wie nach dem Abzuge der Engländer und Spanier und nach dem Abfalle der mexicanischen Parteiführer, welche die französische Intervention verlangt hatten, ein kleines Armee-Korps von 6000 Mann es verstanden hat, sich unerschrocken und stolz zu halten inmitten eines unermeßlichen Reiches, 2500 Meilen vom Vaterlande entfernt.

Die Geschichte wird melden, daß eine solche französische Armee nach Mexico gekommen sei, um der neuen Welt das Schauspiel ganzen Muthes und ganzer Kriegstüchtigkeit zu geben.

Schon jetzt hat die Niedrigkeit der Gefühle unserer Verleumder die allgemeine Mißachtung auf sich gezogen. Bald, darauf verlaßt Euch, werden die unverschämten Lügen aufgedeckt werden, und der Armee von Mexico wird volle Gerechtigkeit widerfahren.

In wenigen Tagen, wenn ich den Boden des Vaterlandes werde betreten haben, wird man mich auf Schritt und Tritt verfolgen, um mich nach Euch zu befragen. Antworten werde ich dann, man möge sich bereit halten, Euch zu empfangen und bei Eurer Rückkehr zu ehren; denn in Mexico wie in der Krimm, in Italien wie in Afrika waret Ihr die wackeren Soldaten, die würdigen Kinder Frankreichs.

Lebt wohl, Soldaten und Matrosen! meine Segenswünsche folgen Euch; Euer Andenken aber nehme ich mit mir in meinem Herzen." —

Hiermit sind die Grenzen der Darstellung erreicht, die diesen Zeilen gesteckt waren.

Die Thätigkeit des neuformirten Expeditions-Korps sehen wir täglich vor unseren Augen sich entwickeln.

Der Kaiser hat die Gnade gehabt, zweien unserer Kameraden zu gestatten, diesem neueröffneten Feldzuge beizuwohnen. Ihrer berufeneren Feder mag es nach glücklicher Heimkehr, die wir ihnen von Herzen wünschen, vorbehalten bleiben, eine Fortsetzung der vorstehenden Skizze seiner Zeit zu liefern.

Berlin, im Januar 1863.

Nachweisung

derjenigen Beihefte zum Militair-Wochenblatte, welche durch die Expedition desselben (E. S. Mittler u. Sohn in Berlin, Kochstraße 69) käuflich zu beziehen sind.

1. Carl Friedrich Wilhelm v. Reyher, General der Kavallerie und Chef des Generalstabes der Armee. Ein Beitrag zur Geschichte der Armee, mit Bezug auf die Befreiungskriege 1813, 1814, 1815. Erster Theil. 22½ Sgr.
2. Friedrich der Große und die Kadetten-Anstalten. Ein Vortrag, gehalten in der militairischen Gesellschaft zu Berlin am 24. Januar 1862. 2½ Sgr.
3. Die Königliche Central-Turn-Anstalt zu Berlin. Mit einer Tafel Abbildungen. 5 Sgr.
4. Die Schlacht bei Torgau am 3. November 1760. Nach archivalischen Quellen bearbeitet. Nebst 5 Beilagen. 7½ Sgr.
5. Die Schlacht bei Kunersdorf am 12. August 1759. Nach archivalischen Quellen bearbeitet. Nebst 5 Beilagen. 7½ Sgr.
6. Geschichte der Organisation der Landwehr in Pommern und in Westpreußen im Jahre 1813. 15 Sgr.
7. Geschichte der Organisation der Landwehr: 1. in dem Militair-Gouvernement zwischen Elbe und Weser. 2. in dem Militair-Gouvernement zwischen Weser und Rhein in den Jahren 1813 und 1814. 7½ Sgr.
8. Geschichte der Organisation der Landwehr in der Kurmark, nebst den drei vorpommerschen Kreisen und der Neumark im Jahre 1813. 15 Sgr.
9. Errichtung der Landwehr und des Landsturms in Ostpreußen, in Westpreußen am rechten Weichselufer und in Litthauen im Jahre 1813. 25 Sgr.
10. Die Organisation der Landwehr, Landwehr-Reserve und des Landsturms in der Provinz Schlesien im Jahre 1813. 5 Sgr.
11. Die Formation der freiwilligen Jäger-Detachements bei der Preußischen Armee im Jahre 1813. Erste Abtheilung. 10 Sgr.
12. Der Kriegs-Schauplatz der Nord-Armee im Jahre 1813. Nebst 12 Beilagen. 22½ Sgr.
13. Geschichte der Nord-Armee im Jahre 1813. Erstes Heft: Der Waffenstillstand und die Schlacht bei Groß-Beeren. Nebst 5 Beilagen. Zweites Heft: Rückzug der französischen Armee nach der Schlacht bei Groß-Beeren bis Wittenberg und das Treffen bei Hagelberg. Nebst 3 Beilagen. 1 Thlr. 12½ Sgr.
14. Repertorium der in dem Zeitraum vom 1. Januar 1850 bis 1. Januar 1855 der Bibliothek und Plankammer des Königlichen Generalstabes zugewachsenen Bücher, Karten und Pläne. 7½ Sgr.
15. Die Reorganisation der Preußischen Armee nach dem Tilsiter Frieden. Erster und zweiter Abschnitt bis zum Schluß des Jahres 1807. Dritter Abschnitt: das Jahr 1808, Kapitel I. bis VI. und Anhang. Mit einem Beitrag zur früheren Geschichte des Generalstabes. 2 Thlr. 5 Sgr.
16. Gneisenau. Erste Abtheilung. Die Jugend und die Zeit der militairischen Entwickelung von 1760 bis 1806. 10 Sgr.
17. Reglement der französischen Armee vom 5. November 1855, über den Transport der Truppen aller Waffengattungen auf Eisenbahnen. Mit 14 Tafeln. 7½ Sgr.
18. Zur Erinnerung an den am 14. Oktober 1855 aus dem Leben abberufenen Generallieutenant a. D. v. Jenichen. 2½ Sgr.
19. Aufsätze vermischten Inhalts: a. Tagebuch des Prinzen Eugen von Würtemberg vom 1. Mai bis 4. Juni 1813; b. Auszug aus den hinterlassenen Papieren des General Feldmarschalls, Frhrn. v. Müffling genannt Weiß. 2½ Sgr.
20. Aufsätze vermischten Inhalts: a. Zur Belagerung von Longwy im Jahre 1815 mit einem Plane. b. Die 2. Kompagnie der 5. Jäger-Abtheilung bei den kriegerischen Ereignissen im Großherzogthum Posen im Frühjahr 1848. Mit einem Plane. c. Ergänzungen zu dem Tagebuche des Rittmeisters v. Colomb, die Streifzüge von 1813 und 1814 betreffend. 2½ Sgr.
21. Darstellung der Begebenheiten des Deutsch-Dänischen Krieges im Jahre 1848, unter besonderer Berücksichtigung des Antheils Preußischer Truppen. Mit

Karten und Plänen. 1. Abtheilung. Von den anfänglichen Verhältnissen bis zum Treffen bei Bau. Mit Karte und Plan. 2. Abtheilung. Die Vorgänge in der Zeit vom Treffen bei Bau bis zur Schlacht bei Schleswig. Mit 2 Karten. 3. Abtheilung. Die Ereignisse des 23. April: A. Schlacht bei Schleswig. B. Unternehmungen der abgesonderten Schleswig-Holsteinischen Detachements regulärer und irregulärer Truppen gegen und über die mittlere Schlei. C. Verhältnisse vor und in Eckernförde. Mit 3 Plänen. 1 Thlr. 5 Sgr.

22. Berichte über die Kriegsereignisse in Schleswig: 1. Bericht über das Treffen in Schleswig. 2 Bericht eines Augenzeugen über die Kriegsereignisse in Schleswig. 5 Sgr.

23. Die Festung Fridericia am kleinen Belt. Mit 2 Plänen. Namentliche Verlustlisten der Preußischen Division in Schleswig-Holstein. 2½ Sgr.

24. 1. Berichtigung einiger Punkte in dem Berichte eines Augenzeugen über die Kriegsereignisse in Schleswig. 2. Disposition und Bericht des Generals der Kavallerie v. Wrangel zu dem Gefecht bei Nübel und Satrup am 5. Juni 1848. Mit einem Plane. 3. Mittheilungen aus dem Nachlaß des Feldmarschalls v. d. Knesebeck über den Russischen Operationsplan von 1812. 5 Sgr.

25. Die Schlacht bei Idstadt am 24. und 25. Juli 1850. 7½ Sgr.

26. Zur Erinnerung an den General-Major v. Griesheim, gestorben als Erster Kommandant von Koblenz und Ehrenbreitstein. 2½ Sgr.

27. Vermischte Aufsätze: 1. Beschreibung der Kriegs-Operationen des Jahres 1839 im nördlichen Dagestan. Zusammengestellt durch den Obersten Milutin. St. Petersburg 1850. (Aus dem Russischen übersetzt.) 2. Ergänzungen einiger Stellen in dem Werke des Obersten v. Höpfner: Der Krieg von 1806 und 1807. Bd. 4. Vom Oberstlieutenant Mente. 7½ Sgr.

28. Die Feldmanöver und die großen Kavallerie-Uebungen bei Berlin im September 1853. Mit 9 Beilagen. 7½ Sgr.

29. I. Kriegsgeschichtliche Aufklärungen: 1. Aktenstücke, die Maßregeln zur Erkundigung des Feindes in der Zeit vom 14. Mai 1813 bis zum Tage des Treffens bei Königswartha-Weißig betreffend. 2. Aufklärungen über das Treffen bei Königswartha-Weißig am 19. Mai 1813, den Russischen und Preußischen Antheil betreffend. 3. Bemerkungen über die Darstellung der Schlacht bei Möckern am 16. Oktober 1813 zum Beiheft für Juli und August 1847, in Bezug auf die reitende Batterie Nr. 2 von der Avantgarde des v. Yorck'schen Korps, sowie einige Berichtigungen und Aufklärungen. Nebst Anhang der Redaction. II. Mittheilungen über einzelne Einrichtungen in der französischen Armee ꝛc. 7½ Sgr.

30. Der General der Infanterie v. Kranſeneck. Ein Lebensabriß. 7½ Sgr.

31. Aufsätze vermischten Inhalts: 1. Gefechte bei Missunde und Friedrichsstadt. Mit Karten und Plänen. 2. Preußische Sanitäts-Truppen. 3. Kurze Darstellung der allgemeinen Grundsätze des Landkriegsrechtes. 5 Sgr.

32. Zur Erinnerung an Ferdinand v. Rohr, General der Infanterie und Kriegs-Minister. 2½ Sgr.

33. Ueber Ausbildung und Gebrauch der Kavallerie. Unter Berücksichtigung der Preußischen Verhältnisse. Nach den Ansichten des Generals v. Wrangel. 7½ Sgr.

34. Ueber die Resultate der See-Expeditionen in Bezug auf Küstenangriff und Küstenvertheidigung. 7½ Sgr.

35. Ueber die dreijährige Dienstzeit bei der Preußischen Kavallerie. 2½ Sgr.

36. Ueber den schädlichen Einfluß der für die Landwehr in Aussicht gestellten Wahlen der Vorgesetzten durch die Untergebenen. 2½ Sgr.

37. Das Treffen bei Königswartha-Weißig am 19. Mai 1813. 10 Sgr.

38. Versuch einer methodischen Anleitung zu Felddienst-Uebungen der leichten Kavallerie. 2½ Sgr.

39. Generallieutenant Rühle von Lilienstern. Ein historisches Denkmal. 7½ Sgr.

40. Französische Ansichten über die militairische Benutzung und Bedeutung der Eisenbahnen, vornehmlich für Frankreich. 5 Sgr.